Projeto Ápis

MARIA ELENA SIMIELLI

Bacharela e licenciada em Geografia pela Universidade de São Paulo (USP).
Professora doutora em Geografia e professora livre-docente do
Departamento de Geografia – Pós-graduação, USP.
Ex-professora dos Ensinos Fundamental e Médio nas redes pública e
particular do estado de São Paulo.

GEOGRAFIA

5º ANO

Ensino Fundamental

editora ática

Presidência: Mario Ghio Júnior
Direção de Soluções Educacionais: Camila Montero Vaz Cardoso
Direção editorial: Lidiane Vivaldini Olo
Gerência editorial: Viviane Carpegiani
Gestão de área: Tatiany Renó
Edição: Luciana Nicoleti (coord.) e Maria Luisa Nacca
Planejamento e controle de produção: Flávio Matuguma, Juliana Batista, Felipe Nogueira, Juliana Gonçalves e Anny Lima
Revisão: Kátia Scaff Marques (coord.), Brenda T. M. Morais, Claudia Virgilio, Daniela Lima, Malvina Tomáz e Ricardo Miyake
Arte: André Gomes Vitale (ger.), Catherine Saori Ishihara (coord.), Nicola Loi (edição de arte)
Iconografia e tratamento de imagem: André Gomes Vitale (ger.), Claudia Bertolazzi e Denise Durand Kremer (coord.), Iron Mantovanello (pesquisa iconográfica), Fernanda Crevin (tratamento de imagens)
Licenciamento de conteúdos de terceiros: Roberta Bento (gerente), Jenis Oh (coord.), Liliane Rodrigues, Flávia Zambon e Raísa Maris Reina (analistas de licenciamento)
Ilustrações: Cláudio Chiyo, Félix Reiners, Ilustra Cartoon, Ingeborg Asbach, Newton Foot, Osni de Oliveira, Rodval Matias, Romont Willy, Vanessa Alexandre
Cartografia: Eric Fuzii (coord.) e Robson Rosendo da Rocha
Design: Talita Guedes da Silva (proj. gráfico e capa)
Ilustração de capa: Barlavento Estúdio
Logotipo: Saulo Dorico

Todos os direitos reservados por Somos Sistemas de Ensino S.A.
Avenida Paulista, 901, 6º andar – Bela Vista
São Paulo – SP – CEP 01310-200
http://www.somoseducacao.com.br

Dados Internacionais de Catalogação na Publicação (CIP)

```
Simielli, Maria Elena
    Projeto Ápis : Geografia : 1º ao 5º ano / Maria Elena
Simielli. -- 4. ed. -- São Paulo : Ática, 2020.
    (Projeto Ápis ; vol. 1 ao 5)

Bibliografia

1. Geografia (Ensino fundamental) Anos iniciais I.
Titulo II. Série

                                            CDD 372.891
20-1073
```

Angélica Ilacqua - Bibliotecária - CRB-8/7057

2022
Código da obra CL 750408
CAE 721273 (AL) / 721274 (PR)
ISBN 9788508195565 (AL)
ISBN 9788508195572 (PR)
4ª edição
6ª impressão
De acordo com a BNCC.

Impressão e acabamento: Bercrom Gráfica e Editora

Uma publicação

Apresentação

Caro aluno,

Esta coleção foi feita pensando em você, uma criança que está começando a grande aventura de explorar o mundo por meio dos estudos.

Como professora, procuro sempre estimular cada aluno a reconhecer como a Geografia está presente no dia a dia, de uma maneira tão natural que às vezes nem pensamos nela.

Por isso, neste livro, você vai trabalhar de uma forma prática. Orientado por seu professor, é você quem vai construir a Geografia, tanto na sala de aula quanto nas outras atividades do seu dia a dia.

Espero que este livro ajude você, aluno, a compreender melhor o mundo em que vivemos e a participar dele ativamente para construir uma sociedade cada vez melhor.

Que tal embarcar nessa viagem?

A autora

Conheça seu livro

Este livro contém quatro unidades. Cada unidade tem dois capítulos.

Abertura de unidade
No início de cada unidade há uma ilustração e algumas questões para despertar o seu interesse pelo tema que será estudado.

Abertura de capítulo
Imagens, textos e atividades orais estimulam você a conversar com os colegas sobre os assuntos que serão estudados.

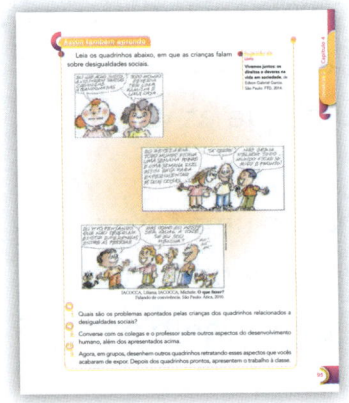

Assim também aprendo
Histórias em quadrinhos, tirinhas e brincadeiras vão ajudar no seu aprendizado.

Para facilitar a compreensão dos textos, o significado de algumas palavras será apresentado na própria página: no **vocabulário**.

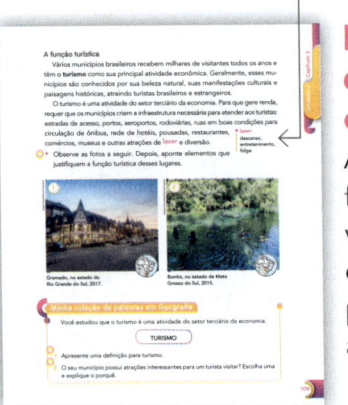

Minha coleção de palavras em Geografia
Ao longo dos capítulos e ao final de cada unidade, você vai encontrar atividades que exploram o sentido de algumas palavras importantes para a disciplina.

Saiba mais
Textos, imagens e atividades para ampliar seus conhecimentos e aguçar sua curiosidade.

Com a palavra...
Entrevistas com diferentes profissionais farão você perceber que o conhecimento pode ser adquirido além dos livros.

Glossário
No final do livro você encontra o significado de palavras destacadas no texto, importantes para o estudo de Geografia.

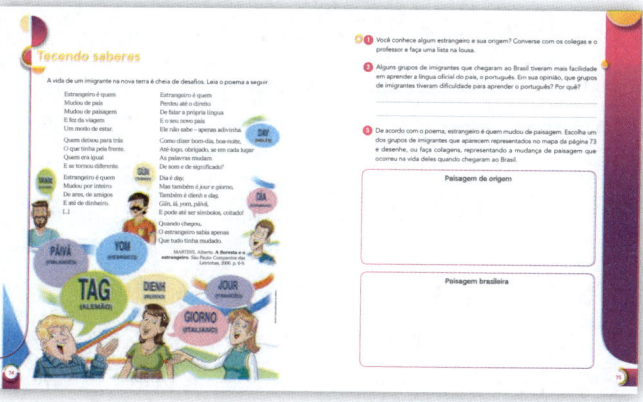

Tecendo saberes
Aqui você vai entrelaçar os conhecimentos da Geografia com os saberes de outras disciplinas.

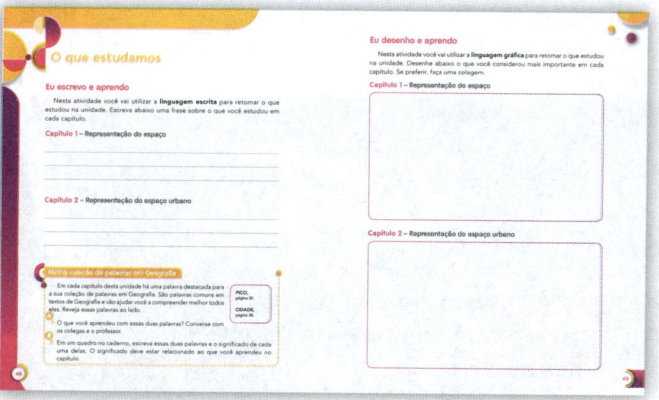

O que estudamos
É o encerramento da unidade de estudo. Aqui você vai trabalhar a escrita e o desenho, retomar o que foi estudado, além de refletir sobre o que aprendeu.

Material complementar
Acompanha o livro do aluno:

Ápis divertido
Jogos que exploram os temas estudados.

Caderno de atividades
Atividades para você praticar o que aprendeu em cada unidade.

Ícones

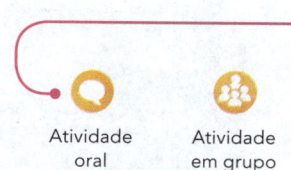

Atividade oral · Atividade em grupo · Atividade em dupla · Atividade no caderno · Pesquise

Sumário

UNIDADE 1 — Conhecendo o Brasil 8

Capítulo 1
Representação do espaço 10
- Para iniciar 10
- O Brasil no mundo 11
- Tecendo saberes 26
- Representando altitudes 28

Capítulo 2
Representação do espaço urbano 36
- Para iniciar 36
- As transformações das paisagens urbanas 37
- As conexões entre as cidades 42
- O que estudamos 48

UNIDADE 2 — Vivendo no Brasil 52

Capítulo 3
A população brasileira 54
- Para iniciar 54
- Quantos somos? 55
- Quem somos? 62
- Tecendo saberes 74

Capítulo 4
A construção do espaço brasileiro 76
- Para iniciar 76
- Um país de migrações 77
- Um país com muitas desigualdades 88
- O que estudamos 96

UNIDADE 3 — As cidades e o trabalho 100

Capítulo 5
O crescimento das cidades 102

Para iniciar 102
As cidades se transformam 103
Interações urbanas 111

Capítulo 6
O trabalho e a tecnologia 114

Para iniciar 114
Mudanças no campo e na cidade 115
Energia, transporte e comunicação 120
Tecendo saberes 122
O que estudamos 136

UNIDADE 4 — Ambiente e qualidade de vida 140

Capítulo 7
O ambiente e a sociedade 142

Para iniciar 142
Qualidade ambiental 143
Tecendo saberes 146
Problemas ambientais 148

Capítulo 8
Quem cuida do nosso ambiente? 160

Para iniciar 160
Em busca de soluções 161
Melhorias na qualidade de vida 166
O que estudamos 170

Glossário 174
Bibliografia 176

Unidade 1

Conhecendo o Brasil

- O que as crianças estão observando nesse museu interativo?
- Vocês conseguem identificar onde está localizado o Brasil? Desenhe na ilustração, de maneira aproximada, onde fica o território brasileiro.

Capítulo 1

Representação do espaço

Qual é o endereço da sua casa? Se você tivesse que indicar o endereço do Brasil, qual seria?

Para iniciar

Conheça a letra da canção "Ora bolas".

Ora bolas

Oi, oi, oi...
Olha aquela bola
A bola pula bem no pé
No pé do menino
Quem é esse menino?
Esse menino é meu vizinho...
Onde ele mora?
Mora lá naquela casa...
Onde está a casa?
A casa tá na rua...
Onde está a rua?
Tá dentro da cidade...
Onde está a cidade?
Tá do lado da floresta...
Onde é a floresta?

A floresta é no Brasil...
Onde está o Brasil?
Tá na América do Sul,
No continente americano,
Cercado de oceano
E das terras mais distantes
De todo o planeta
E como que é o planeta?
O planeta é uma bola
Que rebola lá no céu
[...]

DERDYK, Edith; TATIT, Paulo. Ora bolas. Intérprete: Palavra Cantada. In: **Canções de brincar**. São Paulo: Velas, 1996. 1 CD. Faixa 14.

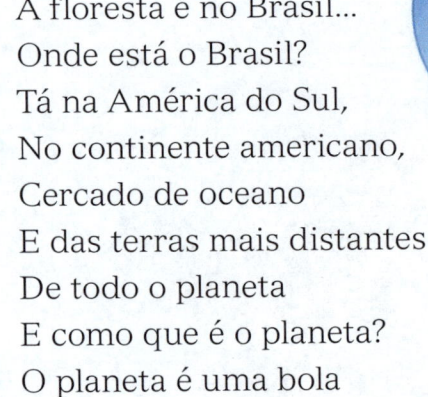

1. Qual é o endereço do Brasil, de acordo com a letra da canção?

2. Façam, com o professor, uma lista dos lugares indicados na letra da canção. A lista deve ser feita do que está mais próximo de vocês para o que está mais distante.

O Brasil no mundo

Imagine que você está viajando pelo Universo em uma espaçonave e avista a Terra. Você saberia dar a localização do Brasil no mundo? E de sua cidade? Observe as imagens de satélite abaixo.

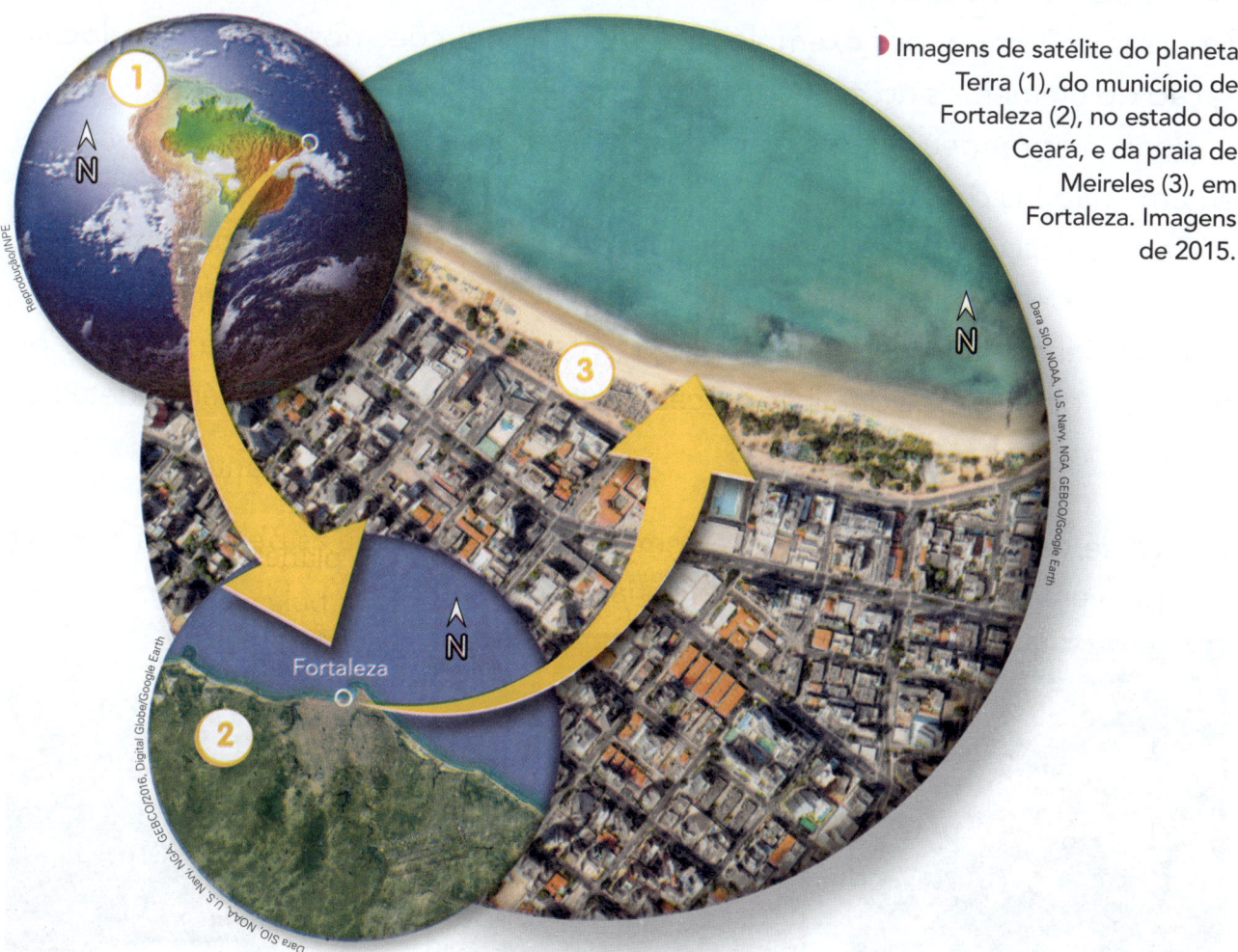

Imagens de satélite do planeta Terra (1), do município de Fortaleza (2), no estado do Ceará, e da praia de Meireles (3), em Fortaleza. Imagens de 2015.

1 Com base nas imagens acima, em que município, estado, país e continente a praia do Meireles está localizada? Se necessário, consulte o mapa da página 21.

_____

2 Agora, com o professor, preencha o quadro com os seguintes nomes:

Município onde moro	Estado onde moro	País onde moro

Fazendo representações cartográficas

Representações espaciais como mapas, fotos aéreas, imagens de satélite e croquis nos permitem localizar pessoas, objetos e lugares.

Permitem também conhecer o percurso de um rio, onde estão as montanhas mais altas ou, ainda, conhecer as transformações ocorridas em uma cidade com o passar do tempo, por exemplo. Essas representações nos auxiliam na **localização** de elementos no espaço.

Você já aprendeu que os mapas são construídos com base em fotos aéreas ou em imagens de satélite.

Para confeccionar mapas, é importante definirmos o que queremos representar, porque, dependendo da distância em que a imagem foi feita, podemos observar mais ou menos detalhes. Por exemplo: quanto mais perto estamos de uma pessoa ou de um objeto, mais detalhes percebemos; quanto mais longe, menos detalhes observamos.

1 Observe abaixo três fotos da mesma planta e responda às perguntas a seguir para entender essa relação mencionada acima.

Fotografias de azaleias. Parque Ibirapuera, no município de São Paulo, no estado de São Paulo, 2017.

a) Qual foto foi tirada mais de perto e, portanto, mostra mais detalhes? _____

b) Qual foi tirada mais de longe e, portanto, mostra menos detalhes? _____

c) Qual foto mostra uma área maior? _____

d) Qual mostra uma área menor? _____

2 Veja abaixo as fotos e as plantas em diferentes escalas. As fotos verticais foram feitas de um helicóptero, em diferentes alturas.

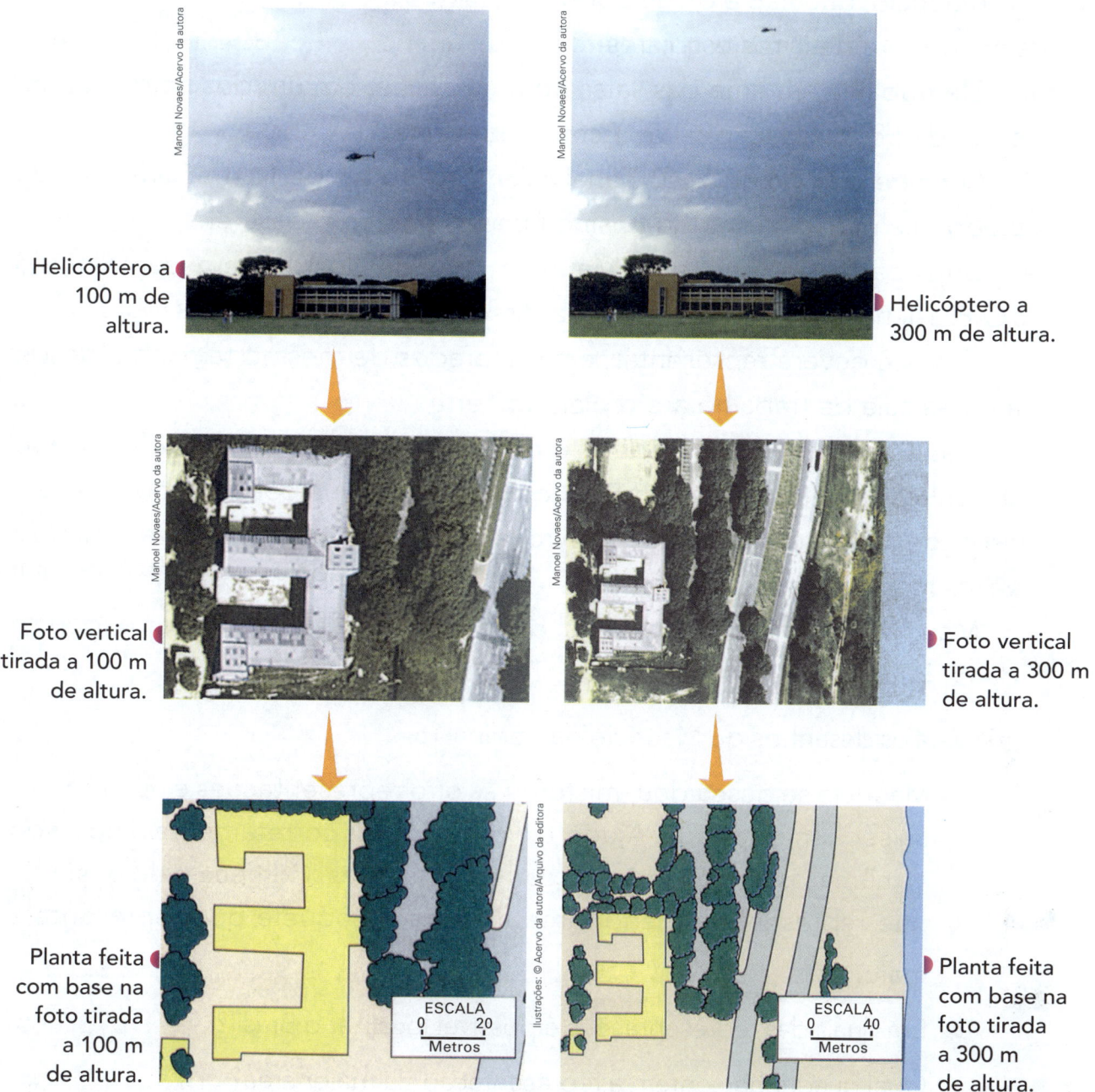

Helicóptero a 100 m de altura.
Helicóptero a 300 m de altura.
Foto vertical tirada a 100 m de altura.
Foto vertical tirada a 300 m de altura.
Planta feita com base na foto tirada a 100 m de altura.
Planta feita com base na foto tirada a 300 m de altura.

Como se pode ver, quando o helicóptero estava a uma altura maior (portanto, mais distante do prédio), foi possível fotografar uma área maior, porém os detalhes do prédio ficaram menos visíveis.

• Imagine que você precisa tirar duas fotos aéreas – uma da sua escola e outra de uma parte da cidade onde você mora. Em qual dessas situações o helicóptero deverá estar a uma altura maior? Por quê? Converse com os colegas.

3 Leia o texto a seguir.

Um desafio para Maurício

Maurício, que não é o "de Sousa", é **ilustrador** de uma editora de livros escolares.

> **ilustrador:** profissional que faz desenhos, ilustrações.

Ele trabalha em uma das salas de um edifício, em um dos bairros da cidade de Fortaleza, capital do estado do Ceará.

O chefe de Maurício, sr. Tanaka, encarregou-o de ilustrar um livro de Geografia para o 5º ano do Ensino Fundamental.

Uma parte do livro que Maurício terá de ilustrar tem como título "O Brasil no mundo". O sr. Tanaka disse a Maurício:

— Você deverá representar, em quadrados de mesmo tamanho, desde a nossa sala de trabalho até o planeta Terra.

Maurício pensou… pensou… e descobriu como fazer a tarefa usando desenhos, plantas e mapas. Para que as representações coubessem em espaços do mesmo tamanho no livro, ele reduziria cada uma delas quantas vezes fosse necessário.

Maurício fez todas as reduções, depois traçou oito quadrados e, dentro de cada um, desenhou o que o sr. Tanaka pediu.

a) Veja os desenhos de Maurício na página 15.

- Maurício se descuidou, misturou as oito representações e numerou-as na sequência errada. Ajude-o a organizá-las corretamente, anotando os números dos quadrinhos correspondentes. Comece pelo desenho que representa a menor área até chegar àquele que representa a maior área. _____

- Em quais das representações é possível localizar o Brasil? _____

- Qual quadrinho contém a representação da maior área? _____

- Qual desenho de Maurício apresenta mais detalhes? _____

b) No caderno, faça quadrinhos como os do modelo abaixo e escreva seu endereço completo, do menor espaço que você ocupa até o planeta em que você vive.

Estado do Ceará

Prédio da editora

Planisfério
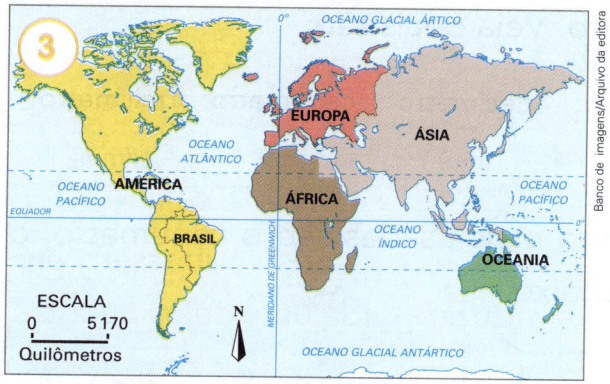

Sala dos ilustradores

Município de Fortaleza
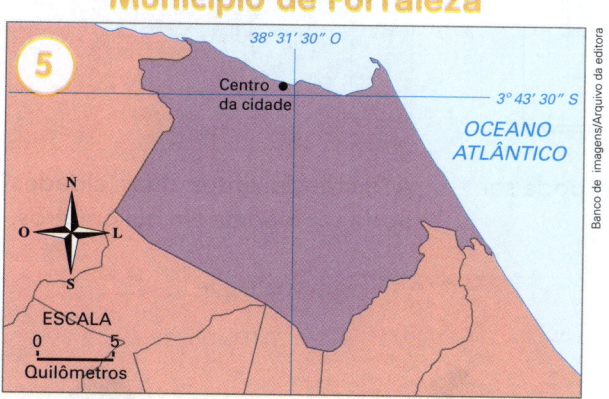

Brasil
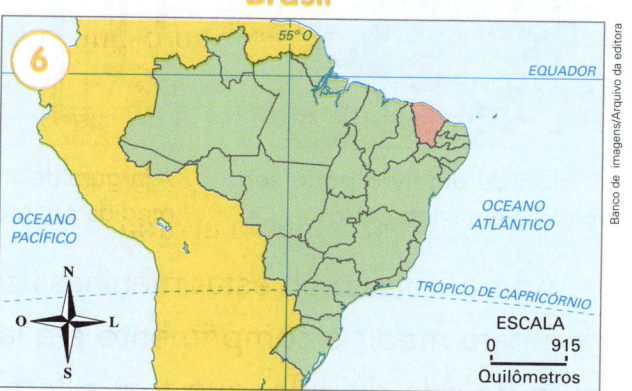

Continente americano

Vista parcial do bairro

Mapas elaborados com base em: IBGE. **Atlas geográfico escolar:** Ensino Fundamental – do 6º ao 9º ano. Rio de Janeiro: IBGE, 2010. p. 10-11 e 30.

Outras representações

Quando queremos representar um objeto ou um espaço muito grande, que não cabe em uma folha de papel, precisamos reduzir o seu tamanho, mantendo sua proporção.

Para representar sua carteira, por exemplo, você pode medir quantos palmos ela tem de um lado e quantos palmos ela tem do outro.

Depois, você pode representá-la em tamanho menor, no papel, de forma proporcional ao seu tamanho real.

Podemos também fazer medições mais exatas. Para isso, precisamos conhecer as unidades de medida de comprimento. Veja quais são:

quilômetro	hectômetro	decâmetro	metro	decímetro	centímetro	milímetro
(km)	(hm)	(dam)	(m)	(dm)	(cm)	(mm)

As unidades de medida de comprimento mais usadas são o centímetro, o metro e o quilômetro. Veja os exemplos abaixo.

O lado de um livro pode ser medido em centímetros.

A largura de uma sala pode ser medida em metros.

A distância entre duas cidades pode ser medida em quilômetros.

Agora, veja como estas meninas fizeram para medir o comprimento e a largura da sala de aula, que tem a forma de um retângulo.

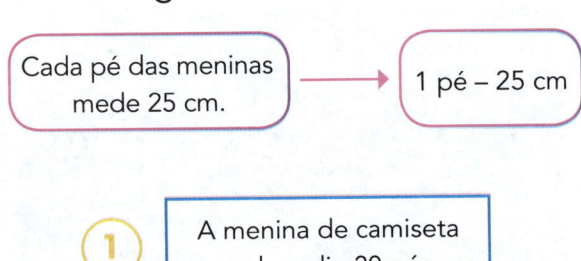

① A menina de camiseta azul mediu 20 pés.

② A menina de camiseta vermelha mediu 28 pés.

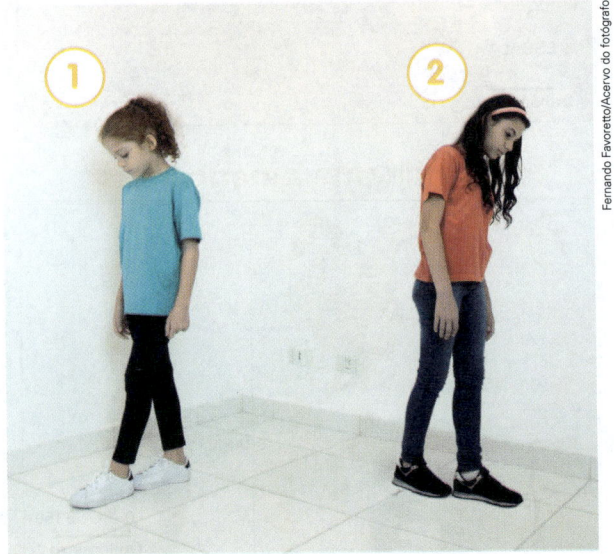

As meninas usaram os pés para medir os lados da sala de aula.

1 Observe como as meninas fizeram para representar a sala de aula. Lembre-se de que cada pé mede 25 cm.

   a) Primeiro elas anotaram as medidas. Complete a tabela.

Lado da sala de aula	Número de pés medidos	Medida do lado da sala de aula (em centímetros – cm)	Medida do lado da sala de aula (em metros – m)
1 Menina de camiseta azul	20	500	5
2 Menina de camiseta vermelha	28		
3 Menina de camiseta azul	20		
4 Menina de camiseta vermelha	28		

   b) Depois, a menina de camiseta azul representou no quadriculado apenas um dos lados que mediu. Complete o desenho com as medidas dos outros lados.

1 m

2 Agora é sua vez! Com a orientação do professor, meça a sala de aula utilizando a medida dos pés de um colega.

a) 1 pé – _____ cm.

b) Preencha a tabela.

Lado da sala de aula	Número de pés medidos	Medida do lado da sala de aula (em centímetros – cm)	Medida do lado da sala de aula (em metros – m)
1			
2			
3			
4			

c) Utilizando os dados da tabela, represente nos quadriculados abaixo as medidas em metros (m) que você encontrou. Antes de fazer seu desenho, observe quanto mede cada lado do quadradinho.

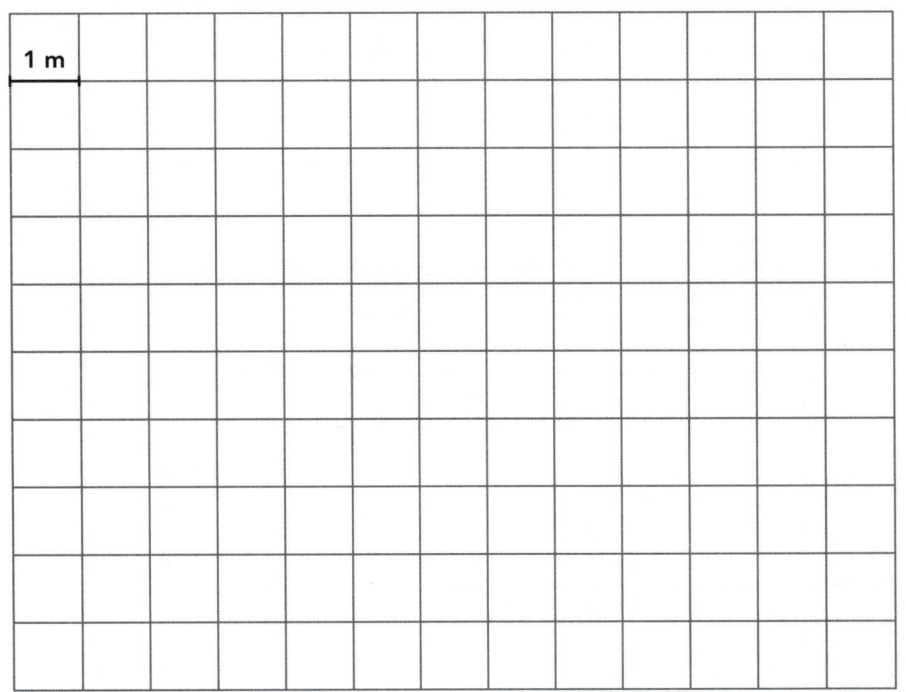
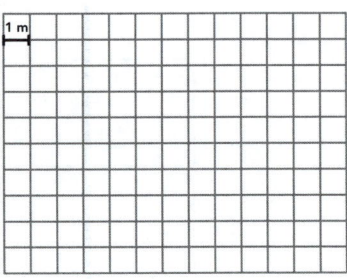

d) Sua sala de aula foi representada em dois tamanhos diferentes. O tamanho real da sala de aula continua o mesmo? Explique. _____

3 Agora, você vai pesquisar imagens de um lugar da cidade onde mora em diferentes épocas e em diferentes escalas. As imagens podem ser fotografias, ilustrações, mapas, fotos aéreas ou imagens de satélite. Cole as imagens abaixo, conforme indicado.

Cole aqui a imagem mais antiga.

Cole aqui a imagem mais atual.

a) Anote uma mudança importante da primeira para a segunda representação.

_____

b) A área representada é a mesma? Converse com os colegas e o professor.

Diferentes representações da Terra

O planeta Terra, com sua forma arredondada, pode ser representado por um globo terrestre ou por um planisfério.

Quando olhamos um globo, que é uma representação tridimensional, vemos somente a parte dela que está virada para nós. Para ver toda a **superfície terrestre** de uma só vez, é preciso olhar para um planisfério, que é uma representação bidimensional.

- **superfície terrestre:** camada exterior do planeta. É onde vivemos.

Para representar a forma arredondada da Terra em um planisfério, é necessário transformá-la em uma superfície plana. Assim, todas as suas partes podem ser vistas de uma só vez. Observe a imagem de satélite, a foto e os mapas a seguir.

1) A Terra no espaço

Na imagem de satélite, podemos identificar oceanos, continentes e nuvens. Porém, podemos ver apenas uma parte da superfície do planeta de cada vez.

A Terra vista do espaço. Imagem de satélite, 2019.

Foto de um globo terrestre.

2) Globo – uma representação da Terra

O globo é um pequeno modelo tridimensional da Terra que podemos pegar em nossas mãos. Podemos girá-lo de um lado para o outro. Mas só conseguimos ver um lado da superfície terrestre de cada vez.

3. A Terra representada no papel

Para você ter uma ideia de como a superfície terrestre é representada em um plano, imagine que o globo é uma laranja aberta em gomos, dispostos um ao lado do outro, como nesta figura.

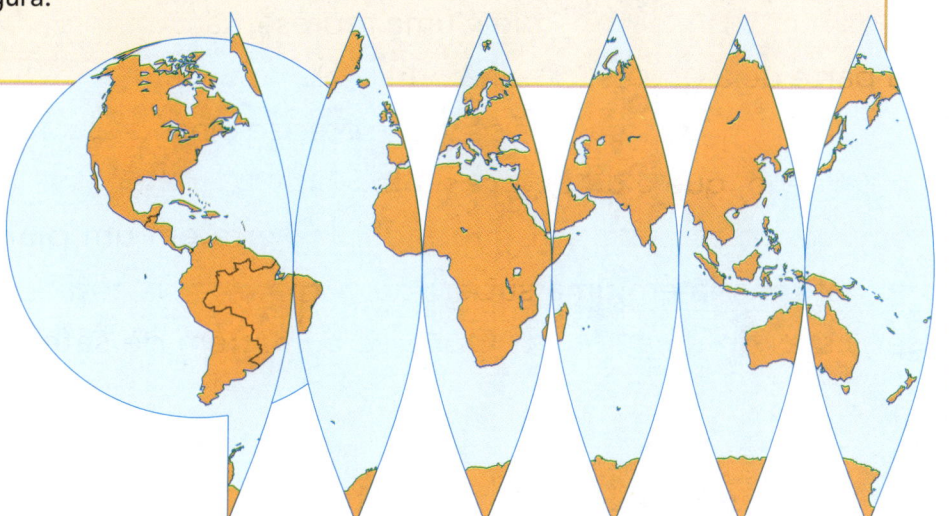

4. Planisfério – a Terra desenhada no papel

Os cartógrafos "esticam" as terras e as águas para preencher os espaços. É dessa forma que o planisfério representa a Terra inteira de uma só vez, com seus continentes e oceanos.

A definição das palavras destacadas está no **Glossário**, página 174.

Mapas elaborados pela autora com base em: IBGE. **Atlas geográfico escolar**. 8. ed. Rio de Janeiro: IBGE, 2018. p. 34.

- Veja na página seguinte a superfície terrestre e todos os países representados em um planisfério. Localize o Brasil e os países da América do Sul que não são vizinhos do Brasil. Quais são eles? Anote a resposta.

Planisfério político – 2018

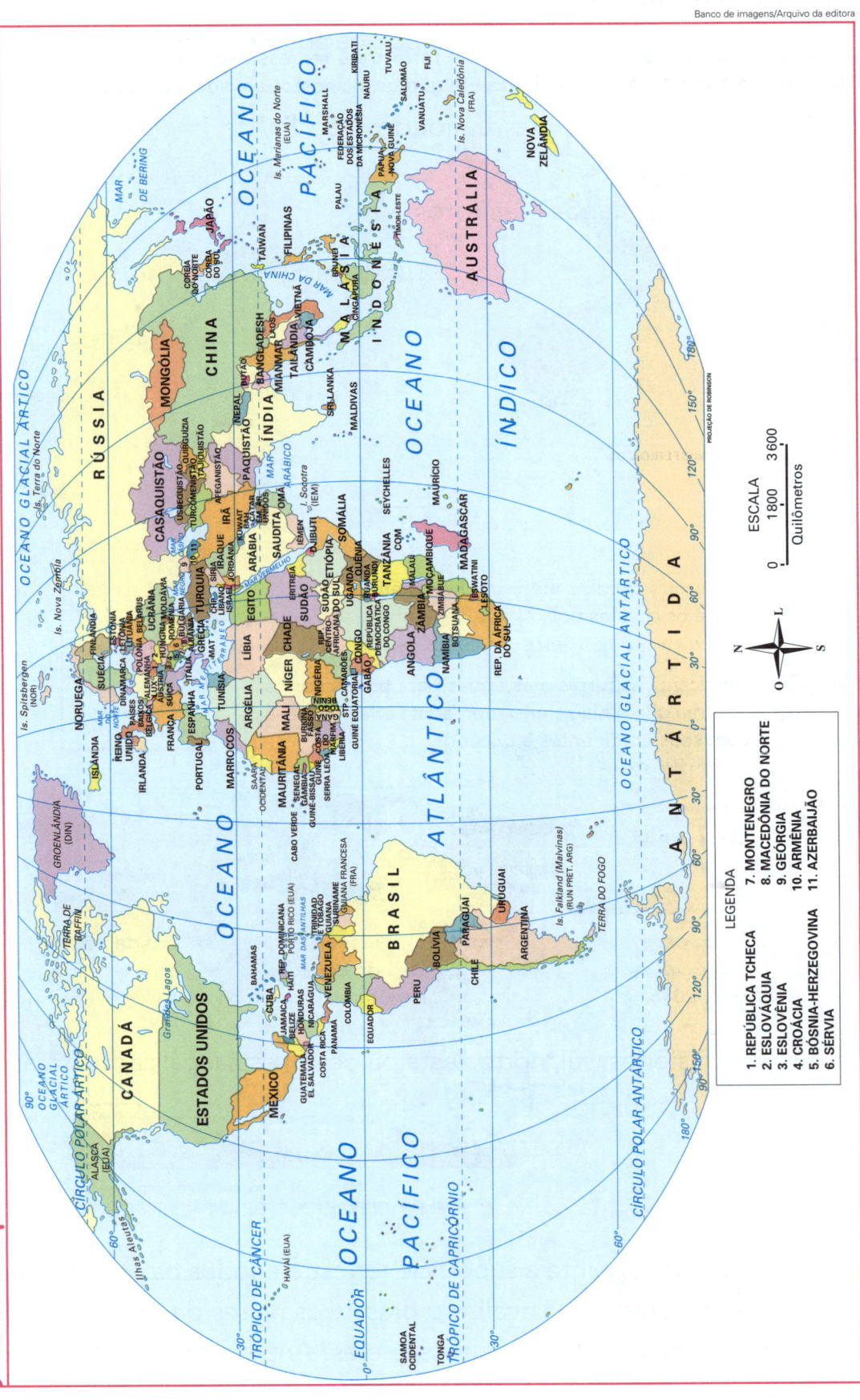

Elaborado com base em: TÉTART, Frank. **Grand Atlas 2019**. Paris: Éditions Autrement; Collection Atlas/Monde, 2018. p. 8-9.

As linhas imaginárias nas representações da Terra

Observe novamente o planisfério da página anterior. Você notou que ele possui linhas que se cruzam? Você sabe o que elas representam e para que servem?

Essas linhas não existem na realidade. São **linhas imaginárias** chamadas **paralelos** e **meridianos**, que permitem a localização de pontos na superfície terrestre. Observe os mapas e as fotos.

Linhas imaginárias

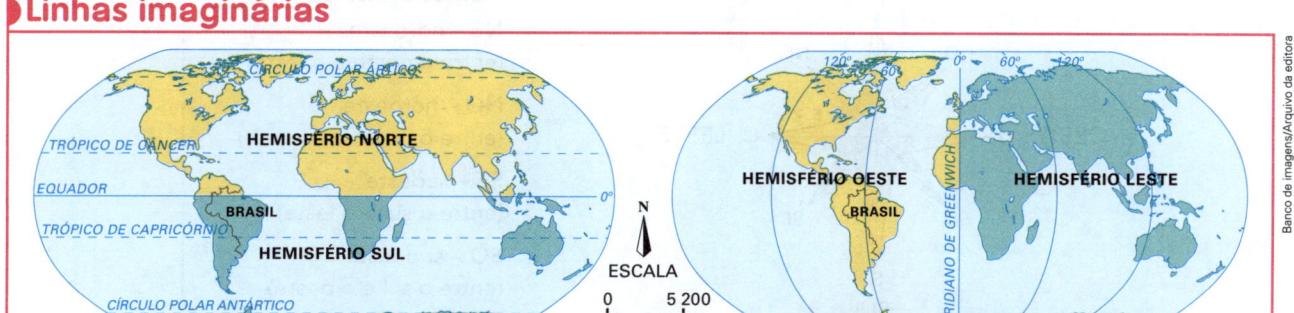

Elaborado com base em: IBGE. **Atlas geográfico escolar**. 8. ed. Rio de Janeiro: IBGE, 2018. p. 24.

O equador é o **paralelo** que divide a Terra em hemisfério norte e hemisfério sul. O trópico de Câncer, o trópico de Capricórnio e os círculos polares são outros paralelos importantes.

O **meridiano** de Greenwich divide a Terra em hemisfério oeste (ocidental) e hemisfério leste (oriental).

Santana de Parnaíba, no estado de São Paulo, local por onde passa o trópico de Capricórnio, 2016.

Monumento Marco Zero da linha do equador, na cidade de Macapá, capital do estado do Amapá, 2017.

1 Em quais hemisférios (sul, norte, leste ou oeste) está localizado o Brasil?

_____

2 Reveja o mapa da página 22 e escreva o nome dos três principais oceanos da Terra.

_____

3 Qual oceano banha o Brasil? _____

4 Cite o nome de três países vizinhos do Brasil que estão situados no hemisfério sul.

Pontos cardeais e colaterais

Você já aprendeu que, para nos localizarmos, utilizamos os pontos cardeais **norte (N)**, **sul (S)**, **leste (L)** e **oeste (O)**. Além desses quatro pontos principais, existem outros pontos que indicam direções de forma mais precisa. Esses pontos recebem o nome de **pontos colaterais**. Você já ouviu falar deles? Veja:

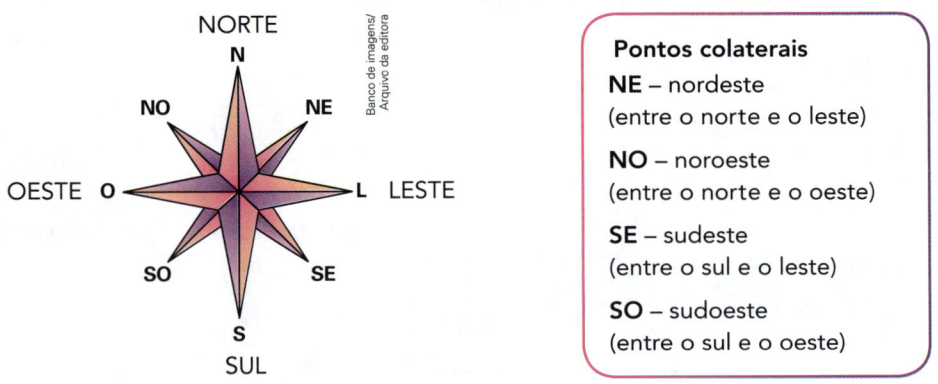

Pontos colaterais

NE – nordeste
(entre o norte e o leste)

NO – noroeste
(entre o norte e o oeste)

SE – sudeste
(entre o sul e o leste)

SO – sudoeste
(entre o sul e o oeste)

O nome de cada grande região brasileira foi definido com base nos pontos cardeais e colaterais. Observe o mapa.

Brasil: grandes regiões

Elaborado com base em: IBGE. **Brasil em números**. Rio de Janeiro: IBGE, 2018. p. 59.

- Com o professor, utilize o mapa acima para completar o quadro da página ao lado.

Região	Unidades da Federação (estados e Distrito Federal)	Sigla	Capital
	Acre	AC	Rio Branco
	Amapá	AP	Macapá
		AM	Manaus
_____	Pará	PA	Belém
	Rondônia	RO	Porto Velho
		RR	Boa Vista
	Tocantins	TO	Palmas
	Alagoas	AL	Maceió
		BA	Salvador
		CE	Fortaleza
	Maranhão	MA	São Luís
_____	Paraíba	PB	João Pessoa
		PE	Recife
	Piauí	PI	Teresina
	Rio Grande do Norte	RN	Natal
	Sergipe	SE	Aracaju
	Espírito Santo	ES	Vitória
		MG	Belo Horizonte
_____	Rio de Janeiro	RJ	Rio de Janeiro
		SP	São Paulo
	Paraná	PR	Curitiba
_____	Rio Grande do Sul	RS	Porto Alegre
		SC	Florianópolis
	Distrito Federal	DF	Brasília
		GO	Goiânia
_____	Mato Grosso	MT	Cuiabá
		MS	Campo Grande

Assim também aprendo

Leia a tirinha abaixo e discuta a questão com os colegas.

ITURRUSGARAI, Adão. Os sonhos de Alecrim e Pimenta. **Folha de S.Paulo**. Disponível em: <www1.folha.uol.com.br>. Acesso em: 2 ago. 2017.

O que aconteceu com Alecrim e Pimenta?

Tecendo saberes

Embora as pessoas não percebam, o planeta Terra está sempre em movimento.

A Terra gira em torno de si mesma e leva cerca de 24 horas para realizar uma volta completa. Esse movimento é chamado **rotação** e tem como principal consequência a ocorrência do dia e da noite.

A Terra gira também ao redor do Sol e leva cerca de 365 dias para realizar uma volta completa. Esse movimento é chamado **translação** e tem como uma das principais consequências a ocorrência das estações do ano: primavera, verão, outono e inverno.

Leia a história em quadrinhos, onde Chico Bento explica esses dois movimentos.

SOUSA, Mauricio de. **Chico Bento**. São Paulo: Globo, n. 254.

1 Por que a vila Abobrinha aparece no globo terrestre como "uma sujeirinha"?

2 Suponha que no globo que Chico Bento está segurando, cada centímetro (cm) corresponde aproximadamente a 1 000 quilômetros (km) na realidade. Se a linha do equador mede 40 cm no globo, quantos quilômetros ela mede na realidade?

3 Chico Bento mostrou a Zé Lelé os dois movimentos que a Terra realiza. Em que quadrinhos da história ele fala desses movimentos? Quais são eles?

4 Qual é a principal consequência de cada um desses movimentos? Quanto tempo a Terra leva para realizar cada um deles?

Representando altitudes

Você já ouviu falar na palavra altitude? E na palavra altura? Será que elas têm o mesmo significado?

O termo **altura** se refere à medida de uma pessoa ou de um objeto da base até o topo.

A **altitude**, por sua vez, é uma medida feita a partir do nível do mar. Normalmente é usada para se referir às formas do relevo.

Chamamos de **relevo** o conjunto das diferentes formas da superfície terrestre. Essas formas surgiram em diferentes épocas no planeta e estão sempre sendo modificadas pela ação da água, do vento, do Sol e do frio e também pelas forças do interior da Terra. Essas mudanças fazem com que o relevo apresente diferentes altitudes.

1 Observe as imagens.

Altura

> A altura de uma pessoa é medida da base dos pés ao topo da cabeça.

Altitude

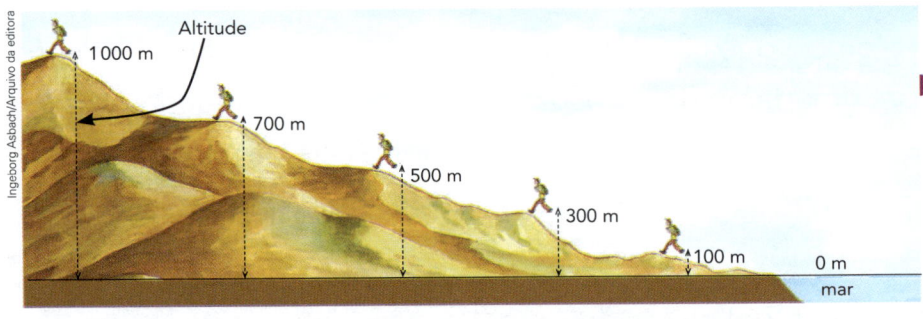

> A altitude de qualquer ponto da superfície terrestre é medida a partir do nível do mar, que está a zero metro.

a) Agora é sua vez! Forme um grupo com três colegas e meçam a **altura** de cada um. Anotem no caderno e comparem a diferença de altura entre vocês.

b) Você consegue perceber diferentes **altitudes** no lugar onde mora? Sua escola está situada na parte mais alta, mais baixa ou intermediária?

2 Você viu na página anterior como medimos a altura de uma pessoa. Que tal conhecer agora a altura de alguns dos prédios mais altos do mundo? Observe a imagem abaixo, com fotos que representam, em proporção, a altura desses prédios. Leia na legenda das fotos a altura de cada um deles, na realidade.

Esses prédios eram alguns dos mais altos do mundo em 2019.

Burj Khalifa, 828 metros. Dubai, nos Emirados Árabes Unidos. Foto de 2016.

Xangai Tower, 632 metros. Xangai, na China. Foto de 2016.

Makkah Royal Clock Tower, 601 metros. Meca, na Arábia Saudita. Foto de 2016.

Ping An Finance Center, 599 metros. Shenzhen, na China. Foto de 2019.

a) Com o auxílio do professor, pesquise onde está situado o prédio mais alto do Brasil e qual é a altura dele. Anote essas informações. _____

_____

b) Represente o prédio mais alto do Brasil no espaço indicado na imagem acima, ao lado dos outros prédios. Atenção para representá-lo em proporção.

3 Qual é o edifício mais alto da sua cidade? Em grupo, analisem as transformações que ocorreram na paisagem da cidade com essa nova construção. Façam um cartaz com fotos, imagens de satélite ou ilustrações mostrando essas transformações. Apresentem o cartaz aos colegas.

4 Observe a ilustração abaixo. Ela representa a **altitude** de alguns dos picos mais elevados do Brasil.

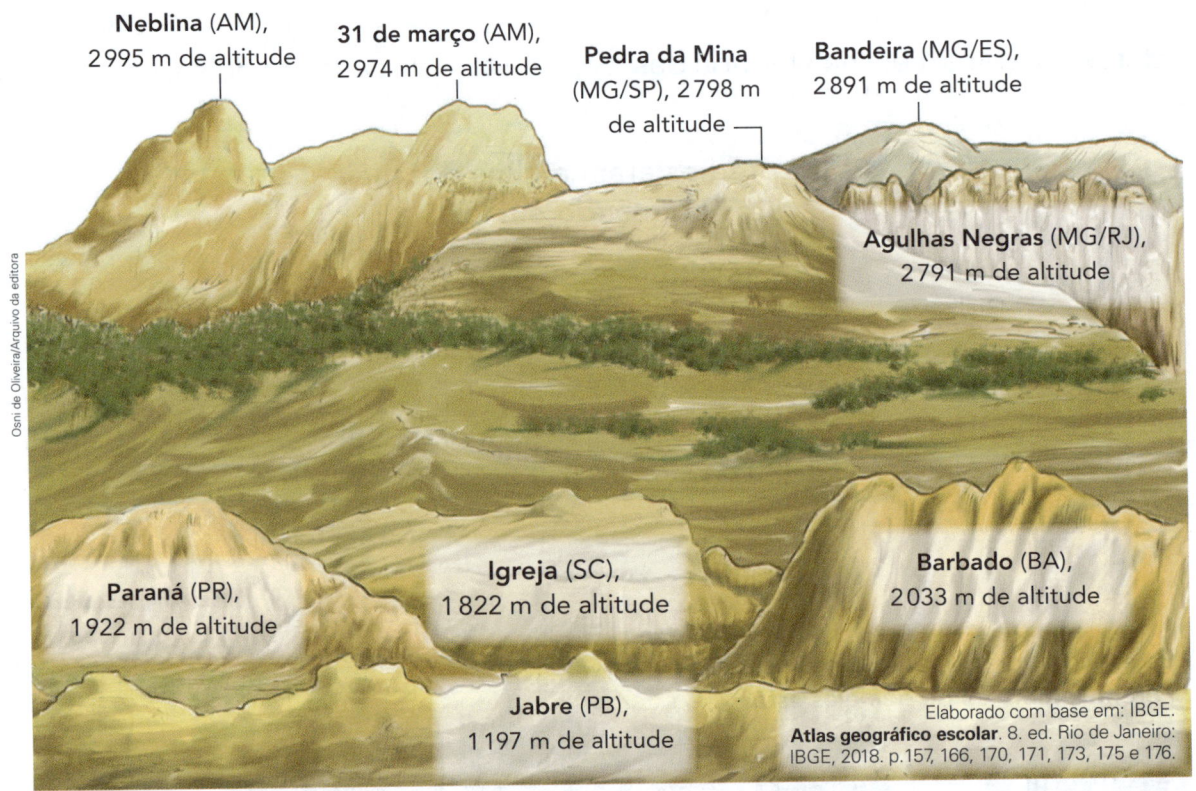

Esses picos foram reunidos na ilustração para você poder comparar as diferentes altitudes. Porém, lembre-se de que eles estão situados em diferentes estados brasileiros.

a) Em quais estados brasileiros se localizam os três picos de maior altitude?

___

b) Descubra a altitude aproximada do município onde você mora e anote abaixo. Assim, saberá a quantos metros ele está em relação ao nível do mar.

___

Minha coleção de palavras em Geografia

Você viu na ilustração acima alguns picos que existem no Brasil.

PICO

1. O que é um pico?
2. No estado onde você mora existe algum pico de altitude elevada? Qual é o nome dele?

5 Observe na ilustração a **altitude** de alguns dos picos mais elevados do mundo. Depois, faça o que se pede.

Elaborado com base em: IBGE. **Atlas geográfico escolar**. 8. ed. Rio de Janeiro: IBGE, 2018. p. 36, 40, 42, 44 e 46.

Estes picos foram reunidos na ilustração para você poder comparar as diferentes altitudes. Porém, lembre-se de que eles estão situados em diferentes países.

a) Imagine-se primeiro em uma praia – no nível do mar – e, depois, no alto do monte Everest. Sua altura seria a mesma ou mudaria? Por quê?

b) Compare o pico mais elevado do Brasil com o pico mais elevado do mundo. Qual é a diferença de altitude entre eles? _____

c) Agora, complete o gráfico abaixo com as diferentes altitudes dos picos mais elevados do mundo apresentados na ilustração. Coloque os dados de cada pico. Depois, represente no gráfico o pico da Neblina, o mais alto do Brasil.

Representando alturas e altitudes

Você já pensou em como podemos representar as diferentes altitudes da superfície terrestre no mapa, que é plano?

Para entender como isso é possível, primeiro vamos trabalhar com a altura, depois, com a altitude.

1 Observe as duas fotos a seguir e faça o que se pede.

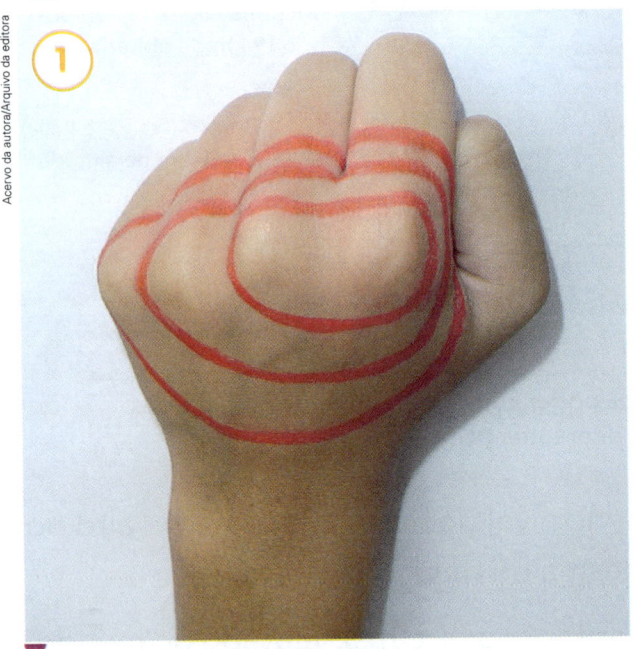
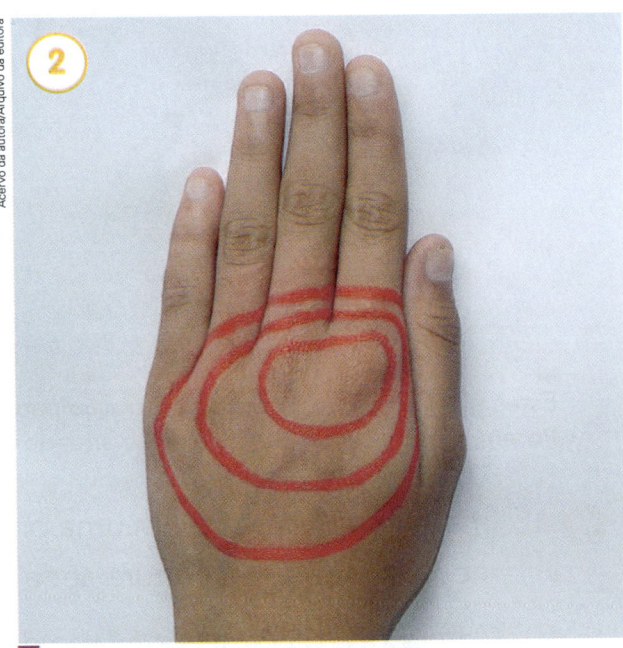

Foram traçadas três curvas sobre a mão fechada para mostrar alturas diferentes. Faça o mesmo: feche sua mão e trace as três curvas, como na foto acima.

Agora fique com a mão aberta, como na foto acima. Olhando para esta foto, identifique a curva que corresponde à parte mais elevada da mão e a curva da parte mais baixa.

a) Sobreponha na foto 2 uma folha de papel vegetal e copie as curvas. Depois, responda: É possível identificar a parte mais elevada e a mais baixa?

b) Para identificar a parte mais elevada e a parte mais baixa, pinte a parte interna de cada curva com uma cor para representar uma altura diferente. Escolha uma cor mais clara para pintar a parte mais baixa e, conforme for ficando mais elevado, use cores mais escuras. Cole seu desenho ao lado.

2 Também podemos representar diferentes alturas no plano (no papel) utilizando maquetes. Em grupos, acompanhem o passo a passo e sigam as instruções.

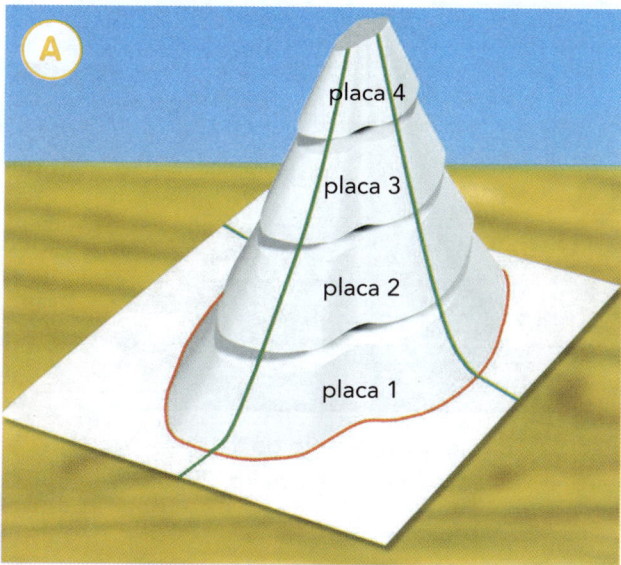

Com a ajuda do professor, coloque sobre uma cartolina uma placa de isopor, que servirá de base (placa 1); sobre ela, coloque outras três placas menores, montando a maquete. Trace linhas de referência (veja as linhas em verde). Observe que há partes mais elevadas e partes mais baixas.

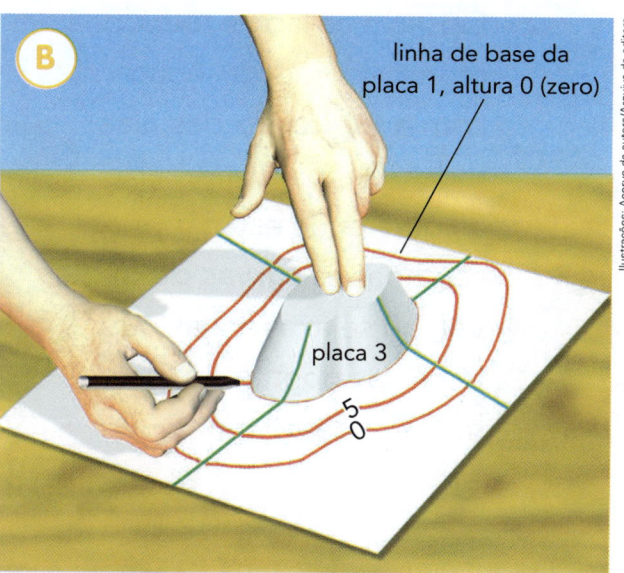

Continue traçando linhas de referência em verde na cartolina, pois elas vão ajudar a colocar as placas de isopor no lugar certo. Passe a sua maquete para o papel – da parte mais baixa (base) para a mais elevada (topo), uma parte de cada vez. Contorne cada placa e insira o valor da altura (em cm).

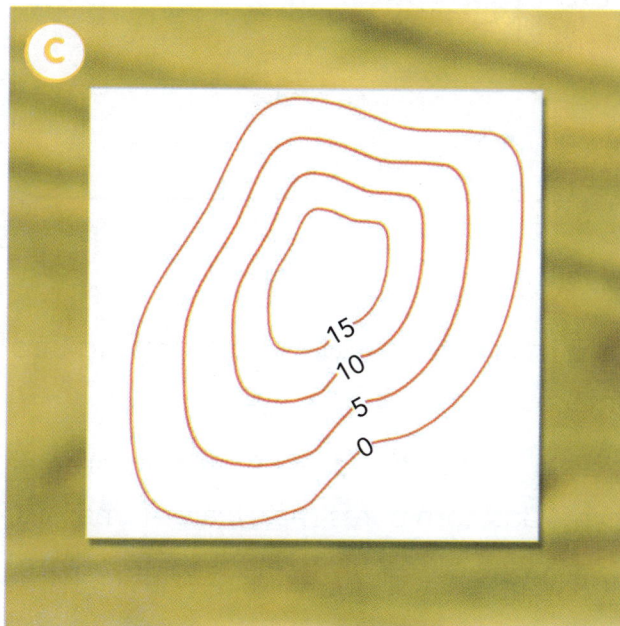

Observe como ficou o desenho. As curvas aparecem uma dentro da outra. Você consegue saber qual representa a parte mais elevada e qual representa a mais baixa? Converse sobre isso com os colegas.

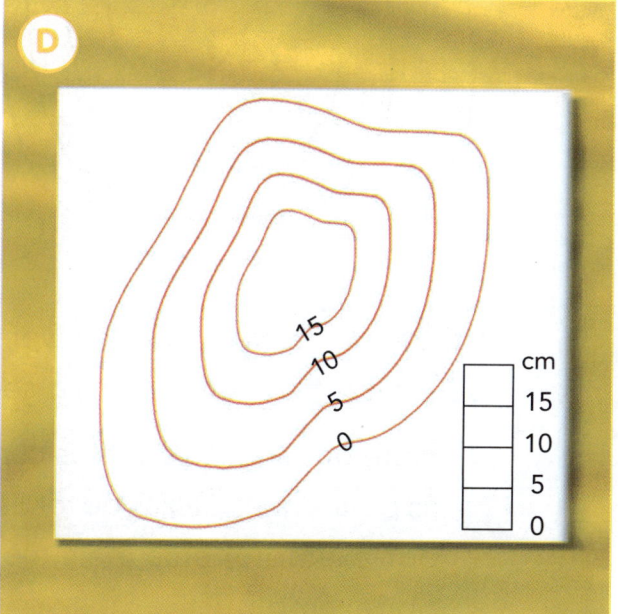

Do mesmo modo que foi feito na atividade da página anterior, pinte o desenho usando cores claras e cores mais escuras. Depois, faça uma legenda com essas cores para identificar as alturas.

3 Nas atividades anteriores você viu como representar alturas. Agora você vai representar altitudes em um plano (no papel).

a) Observe ao lado a foto do morro do Pão de Açúcar com a indicação das altitudes. Depois, veja abaixo a figura onde estão representadas as **curvas de nível**, ou seja, as linhas que unem os pontos de mesma altitude do morro.

Morro do Pão de Açúcar, no município do Rio de Janeiro, no estado do Rio de Janeiro, 2016.

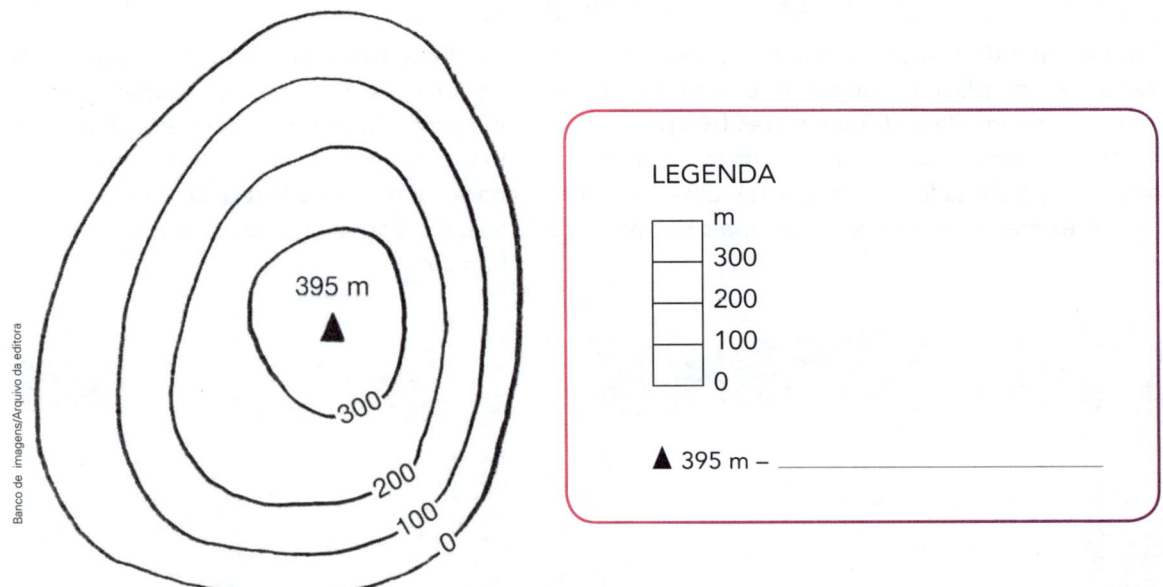

LEGENDA
m
300
200
100
0

▲ 395 m – _____

b) Utilizando essas curvas de nível, faça o mapa de altitudes do morro do Pão de Açúcar de acordo com os seguintes passos:

- Pinte os espaços entre as curvas de nível do Pão de Açúcar. Lembre-se: as partes mais baixas devem ser pintadas com cores mais claras (amarelo, por exemplo) e as mais elevadas, com cores mais escuras (marrom, por exemplo).

- Faça a legenda, preenchendo os quadrinhos ao lado das curvas de nível com as cores correspondentes.

- Identifique o que está representado pelo símbolo ▲ e anote na legenda.

4 Observe o mapa do Brasil e veja como estão representadas as diferentes altitudes.

Mapa elaborado pela autora. Passagem da técnica de sombreamento para isolinhas. IBGE.
Atlas geográfico escolar. 8. ed. Rio de Janeiro: IBGE, 2018. p. 88 e 155-180.

a) De acordo com o mapa acima, quais são as altitudes **predominantes** no território brasileiro?

> **predominantes:** que ocorrem em maior quantidade.

_____

b) Contorne no mapa, de forma simplificada, as áreas de maior altitude.

c) Volte à página 24 e copie a rosa dos ventos em papel transparente. Coloque-a no centro do mapa acima e responda no caderno:

- Em que direção fica o pico mais elevado do Brasil?
- Qual é o nome e a altitude desse pico?
- Qual é o pico ou morro mais próximo do lugar onde você mora? Qual é a altitude dele?

Capítulo 2
Representação do espaço urbano

Você imagina como era no passado o lugar onde mora? Conte aos colegas.

Para iniciar

Sugestão de... Livro

História de um casarão, de Luis Augusto Bicalho Kehl. São Paulo: Nova Alexandria, 2012.

Leia o trecho da letra da canção a seguir.

Meus tempos de criança

Eu daria tudo que eu tivesse
Pra voltar aos tempos de criança
Eu não sei pra quê que a gente cresce
Se não sai da gente essa lembrança

Aos domingos, missa na matriz
Da cidadezinha onde eu nasci
Ai, meu Deus, eu era tão feliz
No meu pequenino Miraí

[...]

Eu, igual a toda meninada
Quanta travessura que eu fazia
Jogo de botões sobre a calçada
Eu era feliz e não sabia

ALVES, Ataulfo. **8 sucessos de Ataulfo Alves e suas pastoras**. Rio de Janeiro: Sinter, 1956. 1 LP. Faixa 5.

1 Você conhece o jogo de botões? Já brincou disso alguma vez? Na cidade onde você mora, as crianças brincam nas calçadas?

2 Você conhece os jogos e as brincadeiras da infância dos seus pais e dos seus avós? Você brinca da mesma forma que eles brincavam?

3 A cidade onde você mora tem uma igreja matriz? Ela é antiga? Onde se localiza?

As transformações das paisagens urbanas

O município de Miraí, citado na letra da canção da página 36, está localizado no estado de Minas Gerais. Ele é considerado pouco populoso, com aproximadamente 15 mil habitantes. Observe nas fotos a seguir as transformações que ocorreram na paisagem da cidade. Localize em cada uma a igreja matriz do município.

Sugestão de... Livro

Meu, seu, de todos: Patrimônio cultural, de Renata Consegliere. Curitiba: Positivo, 2015.

A Igreja Matriz de Santo Antônio foi **tombada** pelo Instituto Estadual do Patrimônio Histórico, Artístico e Cultural de Minas Gerais no ano de 2005, com o objetivo de preservar parte da história da cidade. Quando dizemos que um edifício foi tombado pelo Patrimônio Histórico, significa que ele deve ser preservado, cuidado e não pode ser alterado por reformas sem autorização dos órgãos competentes.

Vista de Miraí, no estado de Minas Gerais, com a igreja matriz no centro da imagem, por volta de 1952.

Vista de Miraí em 2017.

1 Com base no texto e nas fotos acima, faça o que se pede.

a) Compare as fotos 1 e 2. Que elementos demonstram a passagem do tempo?

b) Pesquise no município ou estado onde você mora se existe algum edifício ou espaço tombado como Patrimônio Histórico e Cultural. Anote as informações no caderno e depois compartilhe suas descobertas com os colegas e o professor.

2 Observe e compare as fotos abaixo, que mostram uma praia do Recife, no estado de Pernambuco, em épocas diferentes. Depois, leia o relato de um ==arquiteto== e ==urbanista== que mora no Recife há anos e fala das mudanças urbanas.

Praia de Boa Viagem. Recife, no estado de Pernambuco, 1950.

Praia de Boa Viagem em 2017.

> [...] Eu me lembro de que Boa Viagem, em 1945, era exclusivamente a avenida e um pequeno retorno na direção para o centro [...]. O bairro era um povoado [...] distante. Aos poucos, foi mudando. Passou de lugar de banho para ter casas grandes [...]. E, quando muda o conceito de praia para moradia, verticaliza. Eu imagino que a ==verticalização== tenha começado nas décadas de 1950 e 1960 mesmo. Hoje [...] Boa Viagem não é a praia. Você tem a praia, mas ninguém quer saber dela, porque ela não tem as mesmas condições salutares daquela época.
>
> MENEZES, José Luiz Mota. A evolução do Recife. Disponível em: <http://especiais.ne10.uol.com.br/recifeeacopa/recife.html>. Acesso em: 2 dez. 2017.

a) Em qual das fotos da praia de Boa Viagem há mais elementos naturais? Por quê?

b) Segundo o texto, o que ocorreu na praia de Boa Viagem quando o povoado deu lugar a moradias?

Minha coleção de palavras em Geografia

Neste capítulo, estamos estudando características dos ambientes urbanos.

CIDADE

1. O que é uma cidade?
2. Qual é a diferença entre cidade e município?

O crescimento das cidades

Vimos que, com o passar do tempo, as paisagens urbanas podem sofrer transformações: construções são erguidas, antigas construções são demolidas ou renovadas e o espaço nas cidades é ocupado de forma cada vez mais intensa.

Sugestão de... Livro
A cidade muda, de Eduardo Amos. São Paulo: Moderna, 2016.

Na maior parte das cidades brasileiras essas transformações ocorrem de forma rápida e espontânea, sem planejamento. Esse **crescimento desordenado** costuma gerar problemas que comprometem a qualidade de vida de seus habitantes. A construção de moradias e indústrias em áreas de encostas, de mananciais ou sem infraestrutura está diretamente relacionada a problemas ambientais, como a erosão do solo, a poluição dos rios e córregos, entre outros. Esses problemas afetam a vida da população, que sofre com doenças e falta de moradia e saneamento adequados.

Veja a foto ao lado.

Moradias às margens do rio Faria-Timbó, poluído pelo despejo de esgoto sem tratamento. Rio de Janeiro, no estado do Rio de Janeiro, 2017.

1 Analise a charge ao lado e, depois, converse com os colegas e o professor.

a) Qual é o significado da palavra **cidadania**?

b) Que problema característico das grandes cidades brasileiras é retratado na charge?

c) Como esse problema afeta a qualidade de vida dos habitantes desses lugares?

CABRAL, Ivan. Disponível em: <www.ivancabral.com/2014/06/charge-do-dia-deslizamento.html>. Acesso em: 10 jan. 2020.

2 Em sua opinião, qual é a relação entre os problemas retratados e o exercício da cidadania?

Cidades planejadas

Ao contrário da maioria das cidades, que crescem de forma espontânea, existem **cidades** que foram **planejadas** para cumprir determinadas funções e para que as pessoas tivessem melhor qualidade de vida. No Brasil, um exemplo muito importante de cidade planejada é a capital do país, Brasília.

1 Leia o trecho desta notícia sobre Brasília e converse com os colegas e o professor.

> Você, por exemplo, poderia imaginar que ela foi construída em apenas quatro anos? [...] Ou que Brasília foi feita para ser uma cidade diferente de qualquer outra? [...]
>
> Cidade planejada, que nasceu primeiro na imaginação e nas pranchetas dos arquitetos, Brasília foi erguida para substituir o Rio de Janeiro como sede do poder brasileiro.
>
> [...] Lúcio Costa pensou a capital com o formato de um avião. Entre outras características, a cidade seria cortada por duas vias expressas principais e dividida em setores dedicados a atividades específicas (setor hoteleiro, bancário, comercial etc.). [...] a principal área residencial seria organizada em grandes quarteirões (as superquadras) [...].
>
> FIGUEIRA, Mara. Parabéns, Brasília! Revista **Ciência Hoje das Crianças**. Disponível em: <http://chc.org.br/parabens-brasilia/>. Acesso em: 10 jan. 2020.

a) Como surge uma cidade planejada?

b) A cidade de Brasília foi planejada e construída para cumprir qual função?

2 Desenhe ao lado como você imagina ser uma cidade "em formato de avião". Não se esqueça de incluir elementos como residências, comércios, escolas, ruas, etc.

3 Compare as imagens a seguir e depois converse com os colegas e o professor.

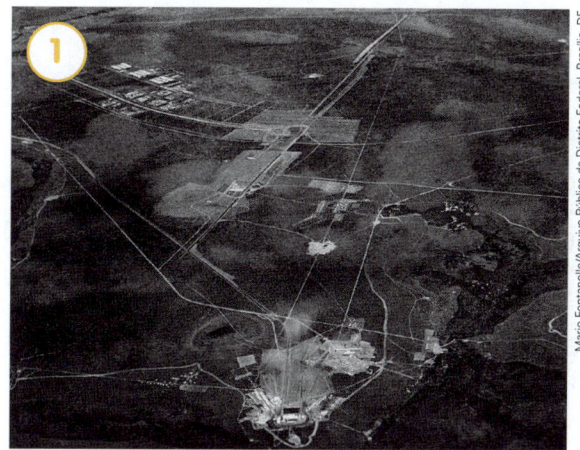
Vista aérea do local onde foi construída a cidade de Brasília. Foto de 1957-1958.

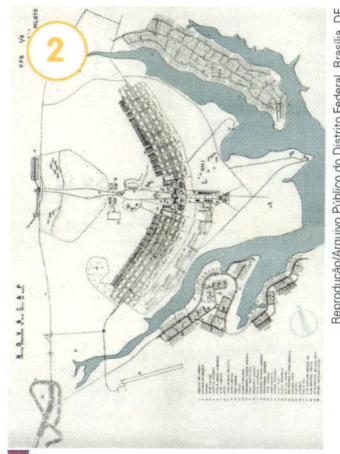
Mapa do Plano Piloto de Brasília, de Lúcio Costa, 1960.

Imagem de satélite de Brasília, 2017.

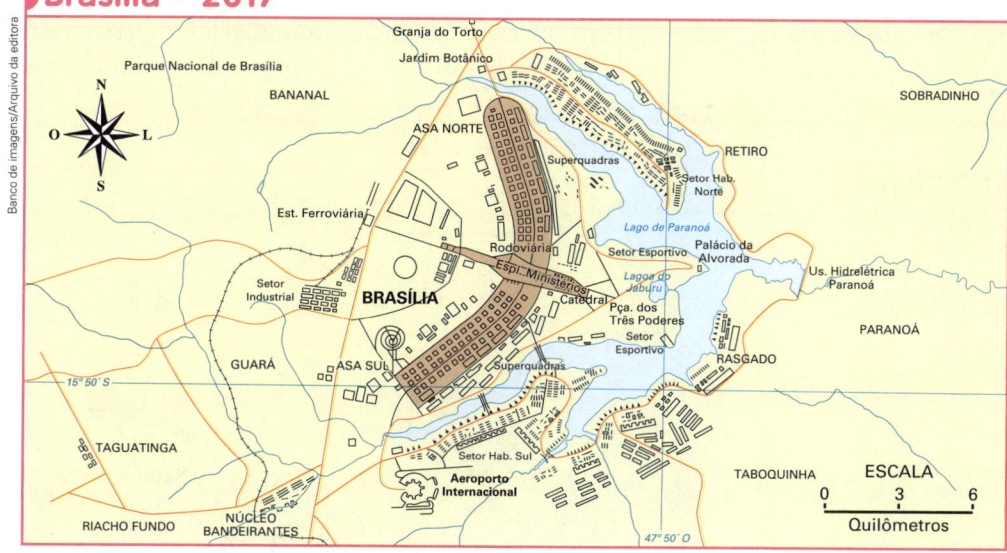
Brasília – 2017

Elaborado com base em: GIRARDI, Gisele; ROSA, Jussara. **Atlas geográfico**. São Paulo: FTD, 2016. p. 113.

a) Se o mapa não tivesse título e as imagens não tivessem legenda, seria possível perceber que representam o mesmo espaço? De que maneira?

b) Compare o desenho que você fez na página 40 com o desenho dos colegas. Depois, identifique elementos semelhantes entre eles e as imagens acima.

4 Brasília foi inaugurada em 1960, e o seu processo de urbanização foi muito rápido. Em grupos e com o auxílio do professor, pesquisem informações sobre esse processo, desde a ideia original até os dias atuais.

As conexões entre as cidades

A maior parte da população brasileira vive em cidades, concentrada nas médias e grandes cidades. Menos de 20% da população vive em cidades pequenas.

No entanto, a vida de quem mora em uma cidade pequena está bastante conectada às cidades maiores, que possuem uma oferta maior de serviços básicos de saúde, educação, lazer, entre outros.

As cidades médias e grandes também estão conectadas entre si, tanto por ligações físicas, como rodovias, portos e aeroportos, quanto por influência financeira, econômica, de informação, de saúde e cultural.

Algumas cidades brasileiras cresceram rapidamente e hoje possuem um grande número de habitantes, atividades econômicas diversificadas e intenso fluxo de comunicação e serviços. São as **metrópoles**.

No Brasil, a maioria das metrópoles corresponde às capitais dos estados. No entorno das metrópoles, agrupam-se vários municípios, formando uma **região metropolitana**.

1 Observe o mapa ao lado.

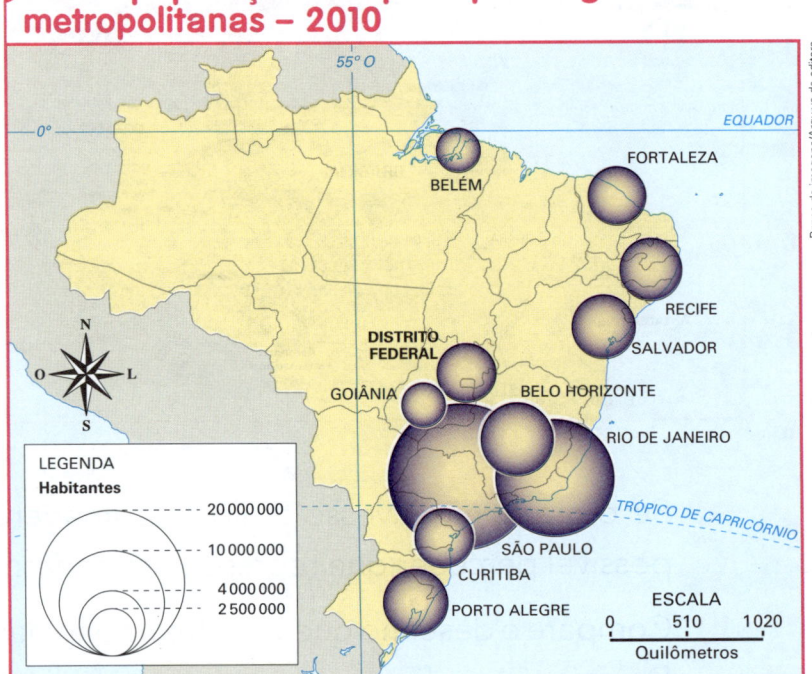

SIMIELLI, Maria Elena. **Geoatlas**. 35. ed. São Paulo: Ática, 2019. p. 139.

a) De acordo com o mapa, quais são as duas regiões metropolitanas brasileiras com maior população? _____

b) O município onde você mora faz parte de alguma região metropolitana? Em caso positivo, qual? _____

2 Nas regiões metropolitanas, é comum a área urbana de um município unir-se à de outro, formando uma área urbana contínua. Nesses casos, é difícil perceber onde termina a área de um município e onde começa a do outro.

Veja um exemplo desse fenômeno no mapa e na imagem de satélite.

> **Sugestão de... Livro**
> **São Paulo: de colina a cidade**, de Amir Piedade. São Paulo: Cortez, 2018.

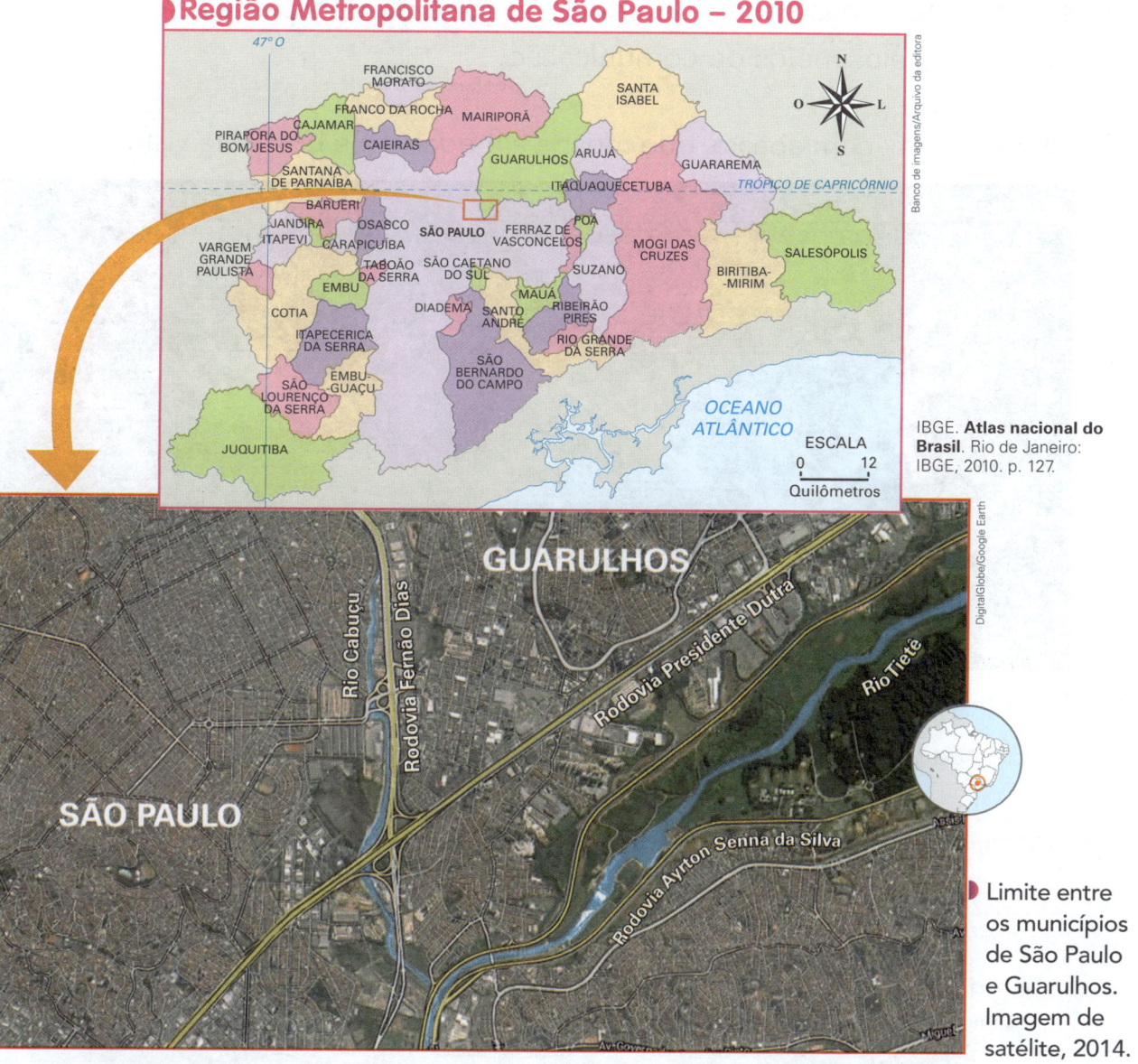

Região Metropolitana de São Paulo – 2010

IBGE. **Atlas nacional do Brasil**. Rio de Janeiro: IBGE, 2010. p. 127.

Limite entre os municípios de São Paulo e Guarulhos. Imagem de satélite, 2014.

a) Que elemento separa os dois municípios nesse trecho da imagem de satélite?

b) Assim como São Paulo e Guarulhos, o município onde você mora liga-se a outros de tal modo que fica difícil perceber seus limites? Quais são esses municípios?

A formação da megalópole brasileira

Quando ocorre a fusão de duas ou mais metrópoles, temos a formação de uma **megalópole**. Na região Sudeste uma megalópole está se formando entre o eixo Rio de Janeiro-São Paulo/Campinas.

Essa megalópole em formação está conectada porque as cidades ali localizadas estão integradas pela economia, pela rede de transportes e de troca de informações e pelos meios de comunicação.

1 Observe a imagem abaixo, que mostra a megalópole brasileira vista à noite.

Megalópole em formação – Rio de Janeiro-São Paulo/Campinas. Imagem de satélite, 2013.

- Em sua opinião, o que as áreas mais claras da imagem representam?

2 Agora, compare a imagem de satélite da atividade anterior com o mapa abaixo.

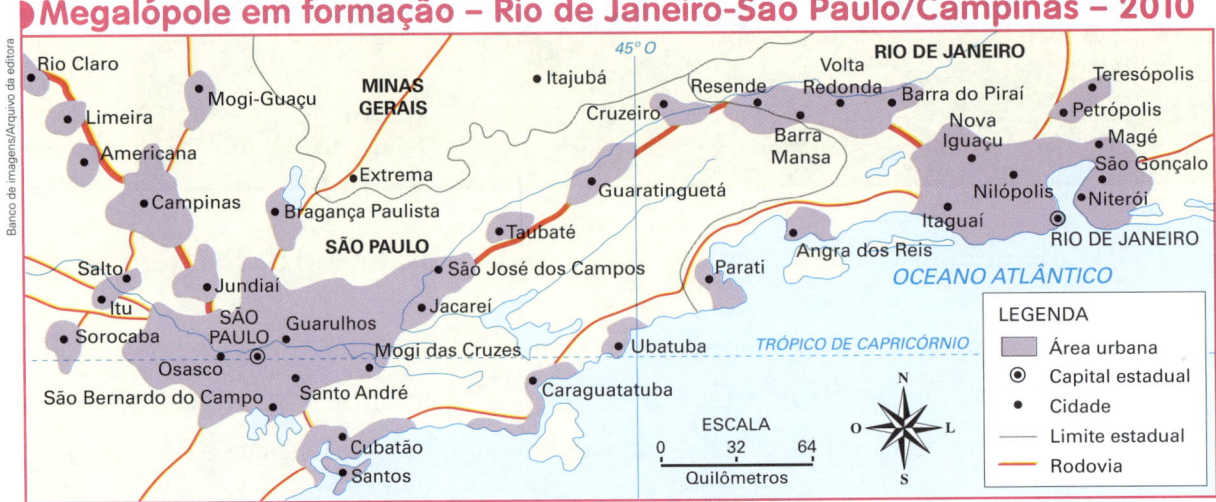

Mapa elaborado pela autora com base em: IBGE. **Atlas geográfico escolar**. 8. ed. Rio de Janeiro: IBGE, 2018. p. 144.

a) Em que área você identificou que a ocupação urbana é maior?

_____

b) Podemos dizer que as metrópoles do Rio de Janeiro e de São Paulo estão completamente conectadas? Explique.

3. Pesquise informações sobre os eixos de circulação na área da megalópole brasileira em formação e responda às questões.

a) Qual é o principal eixo de circulação viária entre as metrópoles do Rio de Janeiro e de São Paulo? _____

b) Quais são os cinco principais aeroportos dessa região? _____

_____

4. Observe o mapa abaixo e localize nele a área da megalópole em formação Rio de Janeiro-São Paulo/Campinas. Depois, responda às questões sobre as redes de informação e comunicação.

a) Você viu que as cidades localizadas em uma megalópole em formação estão conectadas por diferentes redes. Que rede mostra o mapa abaixo?

_____

b) Qual é a porcentagem de domicílios com acesso à internet nos estados dessa megalópole em formação?

_____

_____

c) Há relação entre a existência de uma megalópole e uma extensa rede de comunicação? Converse com o professor e os colegas.

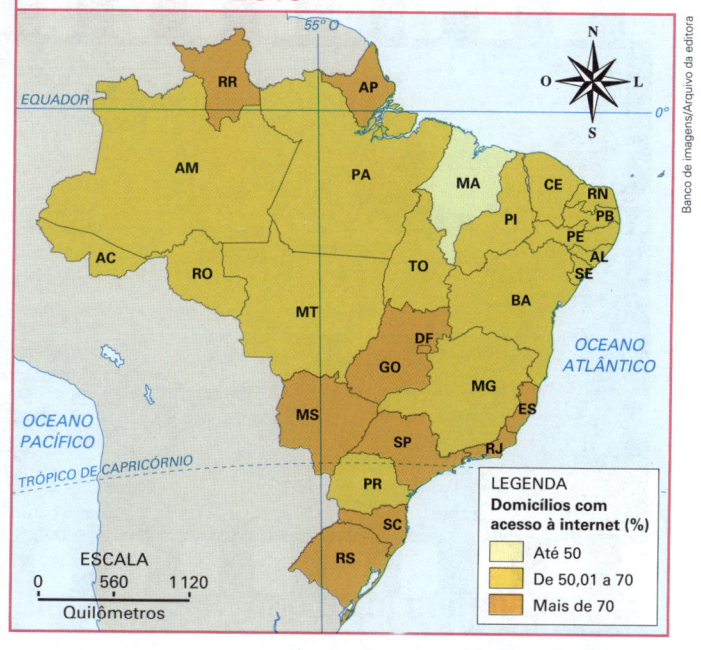

Brasil: domicílios com acesso à internet – 2016

IBGE. **Atlas geográfico escolar**. 8. ed. Rio de Janeiro: IBGE, 2018. p. 142.

45

Saiba mais

Outra forma de estudar e conhecer melhor as cidades é ver como elas foram representadas no cinema. Muitas cidades são retratadas em diferentes produções. O filme brasileiro de animação **O menino e o mundo**, do diretor Alê Abreu, ganhou muitos prêmios ao mostrar a visão de uma criança sobre a cidade grande.

Sinopse oficial

Sofrendo com a falta do pai, um menino deixa sua aldeia e descobre um mundo fantástico dominado por máquinas-bichos e estranhos seres. Uma inusitada animação com várias técnicas artísticas que retrata as questões do mundo moderno através do olhar de uma criança.

FILME de Papel. Disponível em: <http://filmedepapel.blogspot.com.br/>. Acesso em: 13 jan. 2020.

Cartaz de divulgação da animação *O menino e o mundo*, 2014.

Veja a seguir algumas cenas do filme.

Responda com base na leitura das cenas da animação.

1. Qual dessas cenas representa uma paisagem rural? Por quê?
   _____

2. Qual das cenas representa o crescimento econômico das cidades? Por quê?
   _____
   _____

3. Qual das cenas representa um problema ambiental urbano? Explique.
   _____
   _____

4. Qual apresenta um problema social urbano? Explique.
   _____
   _____

5. A cidade que o menino descobriu parece pequena ou grande? Por quê?
   _____
   _____

Cenas da animação **O menino e o mundo**, com direção de Alê Abreu, 2014.

O que estudamos

Eu escrevo e aprendo

Nesta atividade você vai utilizar a **linguagem escrita** para retomar o que estudou na unidade. Escreva abaixo uma frase sobre o que você estudou em cada capítulo.

Capítulo 1 – **Representação do espaço**

_____
_____
_____

Capítulo 2 – **Representação do espaço urbano**

_____
_____
_____

Minha coleção de palavras em Geografia

Em cada capítulo desta unidade há uma palavra destacada para a sua coleção de palavras em Geografia. São palavras comuns em textos de Geografia e vão ajudar você a compreender melhor todos eles. Reveja essas palavras ao lado.

PICO, página 30.

CIDADE, página 38.

1. O que você aprendeu com essas duas palavras? Converse com os colegas e o professor.

2. Em um quadro no caderno, escreva essas duas palavras e o significado de cada uma delas. O significado deve estar relacionado ao que você aprendeu no capítulo.

Eu desenho e aprendo

Nesta atividade você vai utilizar a **linguagem gráfica** para retomar o que estudou na unidade. Desenhe abaixo o que você considerou mais importante em cada capítulo. Se preferir, faça uma colagem.

Capítulo 1 – Representação do espaço

Capítulo 2 – Representação do espaço urbano

Hora de organizar o que estudamos

Relação entre a escala e os detalhes de uma representação

Parque Ibirapuera, no município de São Paulo, no estado de São Paulo, 2017.

Pontos cardeais
- Norte, sul, leste e oeste.

Pontos colaterais
- Nordeste, sudeste, sudoeste e noroeste.

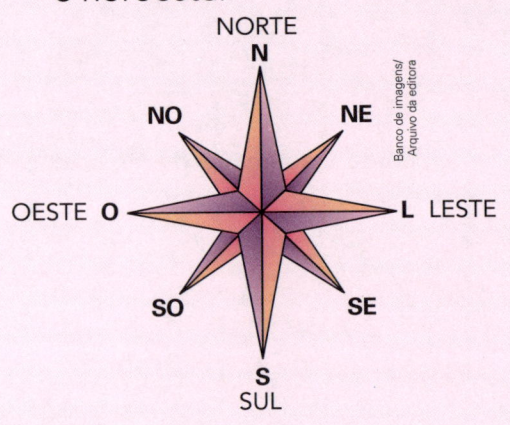

Diferentes maneiras de representar a superfície terrestre

- Globo terrestre (tridimensional).
- Planisfério (bidimensional).

Mapa elaborado pela autora com base em: IBGE. **Atlas geográfico escolar**. 8. ed. Rio de Janeiro: IBGE, 2018. p. 34.

Representação de altitudes por meio de curvas de nível

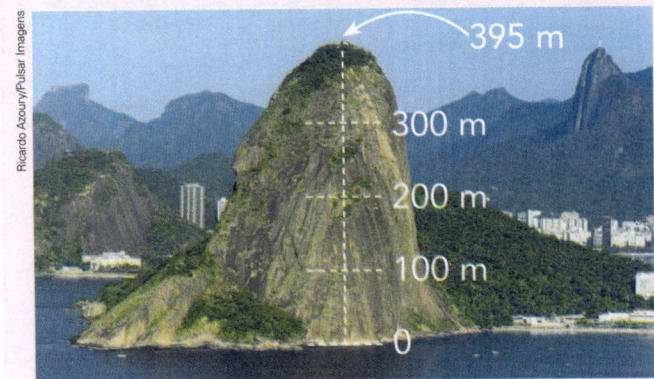
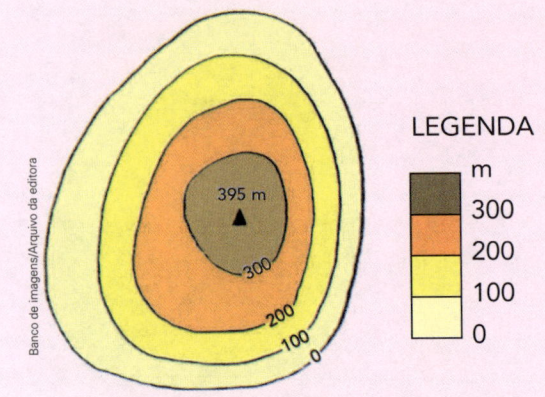

As transformações das paisagens urbanas

Praia de Boa Viagem. Recife, no estado de Pernambuco, 1950.

Praia de Boa Viagem em 2017.

Crescimento desordenado e comprometimento da qualidade de vida

Características das cidades e a conexão entre elas

- cidades
- metrópoles
- região metropolitana
- megalópole

Para você refletir e conversar

- Qual assunto você achou mais importante nessa unidade? E qual achou mais difícil de entender?
- Qual é a importância de sabermos nos localizar, desde a localização na escola, na cidade, no estado e até no país?
- Você identifica na cidade onde mora problemas que comprometem a qualidade de vida dos moradores? Quais? O que poderia ser feito para mudar isso?

Unidade 2

Vivendo no Brasil

- A sua família é parecida com a família da ilustração? Na sua família há mais crianças, adultos ou idosos?
- E a maioria da população brasileira, será que é formada por crianças, adultos ou idosos?
- Você conhece as origens do povo brasileiro?

Capítulo 3 — A população brasileira

Quem faz parte da população brasileira?

Para iniciar

Leia abaixo um artigo da Constituição federal do Brasil e observe as fotos.

> Art. 5º – Todos são iguais perante a lei, sem distinção de qualquer natureza, garantindo-se aos brasileiros e aos estrangeiros residentes no país a inviolabilidade do direito à vida, à liberdade, à igualdade, à segurança e à propriedade [...].
>
> BRASIL. **Constituição da República Federativa do Brasil de 1988**. Disponível em: <www.planalto.gov.br/ccivil_03/Constituicao/Constituicao.htm>. Acesso em: 13 jan. 2020.

Promulgação da Constituição brasileira, em Brasília, no Distrito Federal, em 1988.

Capa da Constituição de 1988.

1. O que você sabe sobre a Constituição brasileira?

2. A Constituição brasileira diz que "todos são iguais perante a lei". O que isso significa?

3. Em sua opinião, todos os brasileiros têm as mesmas oportunidades de estudar e trabalhar? Por quê?

Quantos somos?

O Brasil é um dos países mais populosos do mundo. De acordo com o último recenseamento, no ano de 2010 éramos mais de 190 milhões de brasileiros, distribuídos de modo desigual pelo território nacional. As estimativas do Instituto Brasileiro de Geografia e Estatística (IBGE) indicam que, em 2022, seremos 214 milhões.

A contagem da população é feita por meio de recenseamentos realizados a cada dez anos pelo IBGE.

Atualmente a população mundial é de mais de sete bilhões de pessoas, também distribuídas de modo bastante desigual pelo planeta. Há áreas em que se concentram muitos habitantes; em outras, a população está dispersa e há poucos habitantes; também há áreas que não são ocupadas de forma permanente pelos seres humanos.

Cerca de metade da população mundial vive na Ásia. Apesar disso, há grandes vazios populacionais nesse continente.

1 Observe nas fotos a seguir duas situações na China, país asiático.

Rua movimentada em Pequim, na China, 2016.

Monte Everest, na região do Tibete, na China, 2015.

a) Agora, pense na distribuição da população no Brasil e faça o mesmo tipo de comparação das fotos acima. Anote:

- uma região com alta concentração de pessoas: _____
- uma região com baixa concentração de pessoas: _____

b) Pesquise em jornais, revistas ou na internet imagens do Brasil que representem cada uma das situações acima (alta e baixa concentração populacional). Depois, monte um mural com os colegas.

2 Observe o mapa e os gráficos a seguir que apresentam informações sobre a população mundial e sua distribuição no planeta.

a) Com base no gráfico ao lado, numere de 1 a 5 os quadrinhos no mapa abaixo, das partes do mundo mais populosas para as menos populosas.

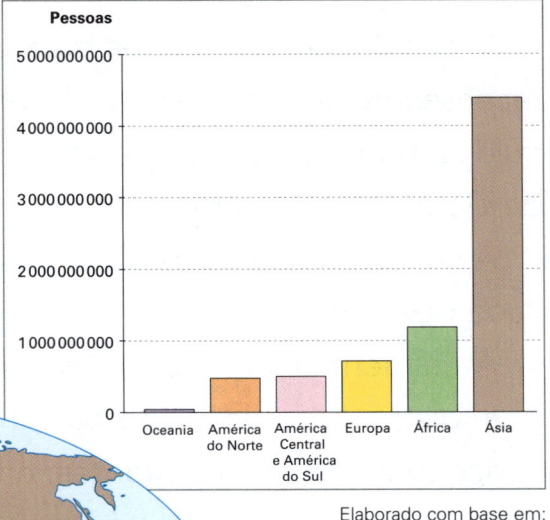

Mundo: população – 2018
(Total: 7 355 100 000 de pessoas)

Elaborado com base em: ISTITUTO Geografico De Agostini. **Calendario Atlante De Agostini 2018**. Novara, 2018. p. 64.

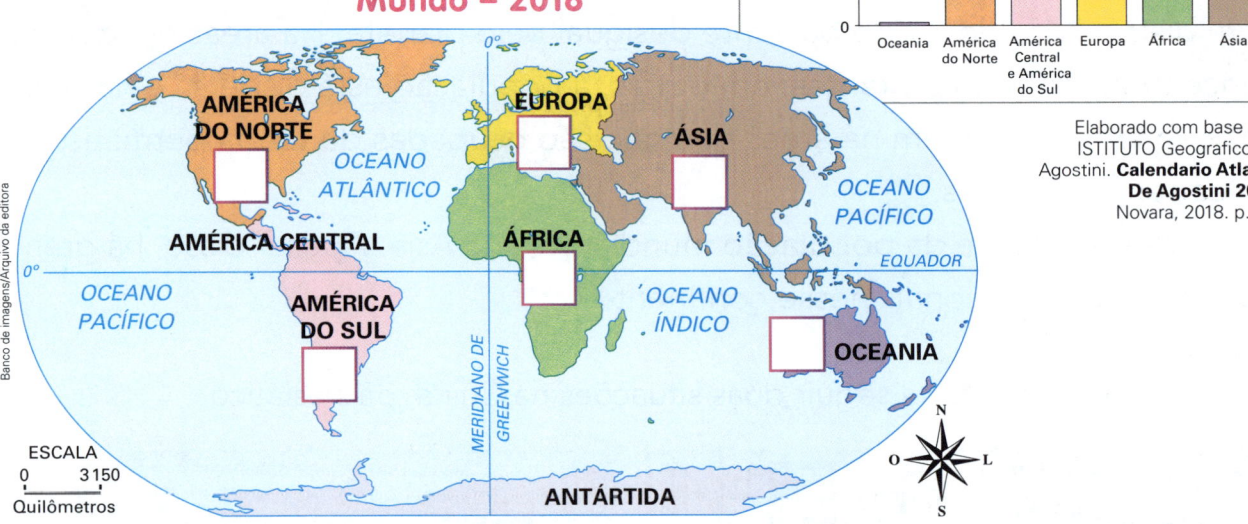

Mundo – 2018

Elaborado com base em: IBGE. **Atlas geográfico escolar**. 8. ed. Rio de Janeiro: IBGE, 2018. p. 34.

b) Agora, observe nos gráficos a seguir outra maneira de representar os dados sobre o número de habitantes nas diferentes partes do mundo.

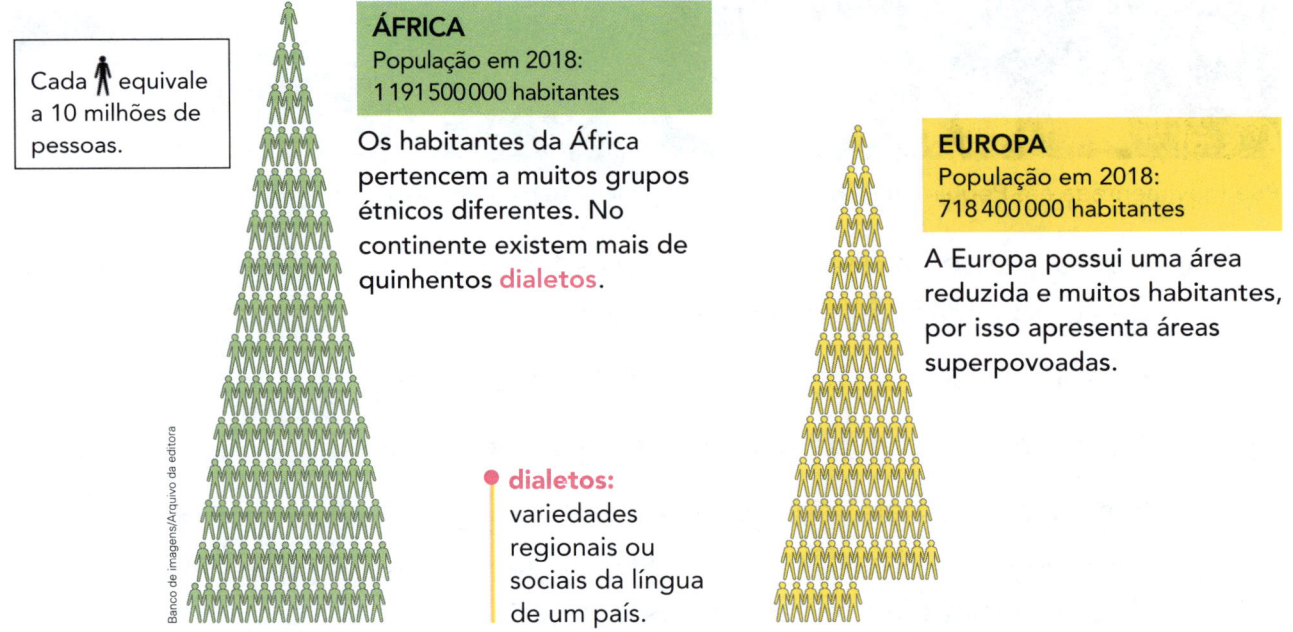

Cada 👤 equivale a 10 milhões de pessoas.

ÁFRICA
População em 2018:
1 191 500 000 habitantes

Os habitantes da África pertencem a muitos grupos étnicos diferentes. No continente existem mais de quinhentos **dialetos**.

EUROPA
População em 2018:
718 400 000 habitantes

A Europa possui uma área reduzida e muitos habitantes, por isso apresenta áreas superpovoadas.

• **dialetos:** variedades regionais ou sociais da língua de um país.

56

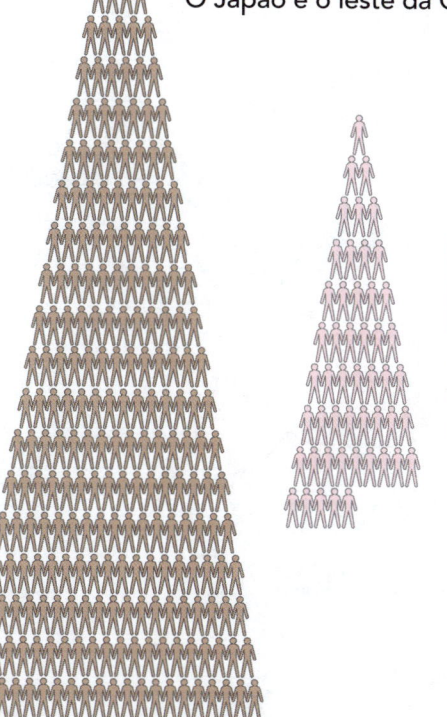

ÁSIA
População em 2018: 4 418 800 000 habitantes

A Ásia tem grandes concentrações populacionais. O Japão e o leste da China são áreas muito povoadas.

AMÉRICA CENTRAL e AMÉRICA DO SUL
População em 2018: 504 800 000 habitantes

A população da América do Sul e da América Central é formada, principalmente, por descendentes dos povos nativos, de brancos europeus e de negros africanos.

AMÉRICA DO NORTE
População em 2018: 481 600 000 habitantes

A população da América do Norte é formada majoritariamente por descendentes de imigrantes, de povos nativos e de negros africanos.

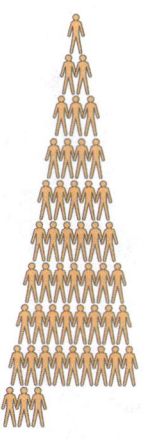

OCEANIA
População em 2018: 39 800 000 habitantes

A Oceania tem uma população reduzida. A maior parte de seus habitantes está concentrada nas grandes cidades da Austrália e da Nova Zelândia. Existem áreas do interior da Austrália que são praticamente desabitadas.

ANTÁRTIDA
Sem população permanente.

A população da Antártida é formada por pesquisadores que trabalham nas estações científicas ali instaladas. Eles vivem no continente por determinados períodos de tempo, retornando em seguida a seus países.

Elaborado com base em: ISTITUTO Geografico De Agostini. **Calendario Atlante De Agostini 2018**. Novara, 2018. p. 64.

- Vamos ver a posição do Brasil nesses gráficos. Em qual parte do mundo ele está? Com base nas informações apresentadas pelo professor, circule os bonequinhos que equivalem à população do Brasil.

3 Analise o mapa a seguir com a distribuição da população mundial e os países mais populosos. Depois, responda ao que se pede.

Mundo: distribuição da população – 2018

Banco de imagens/Arquivo da editora

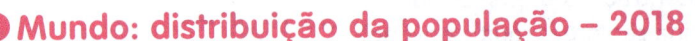

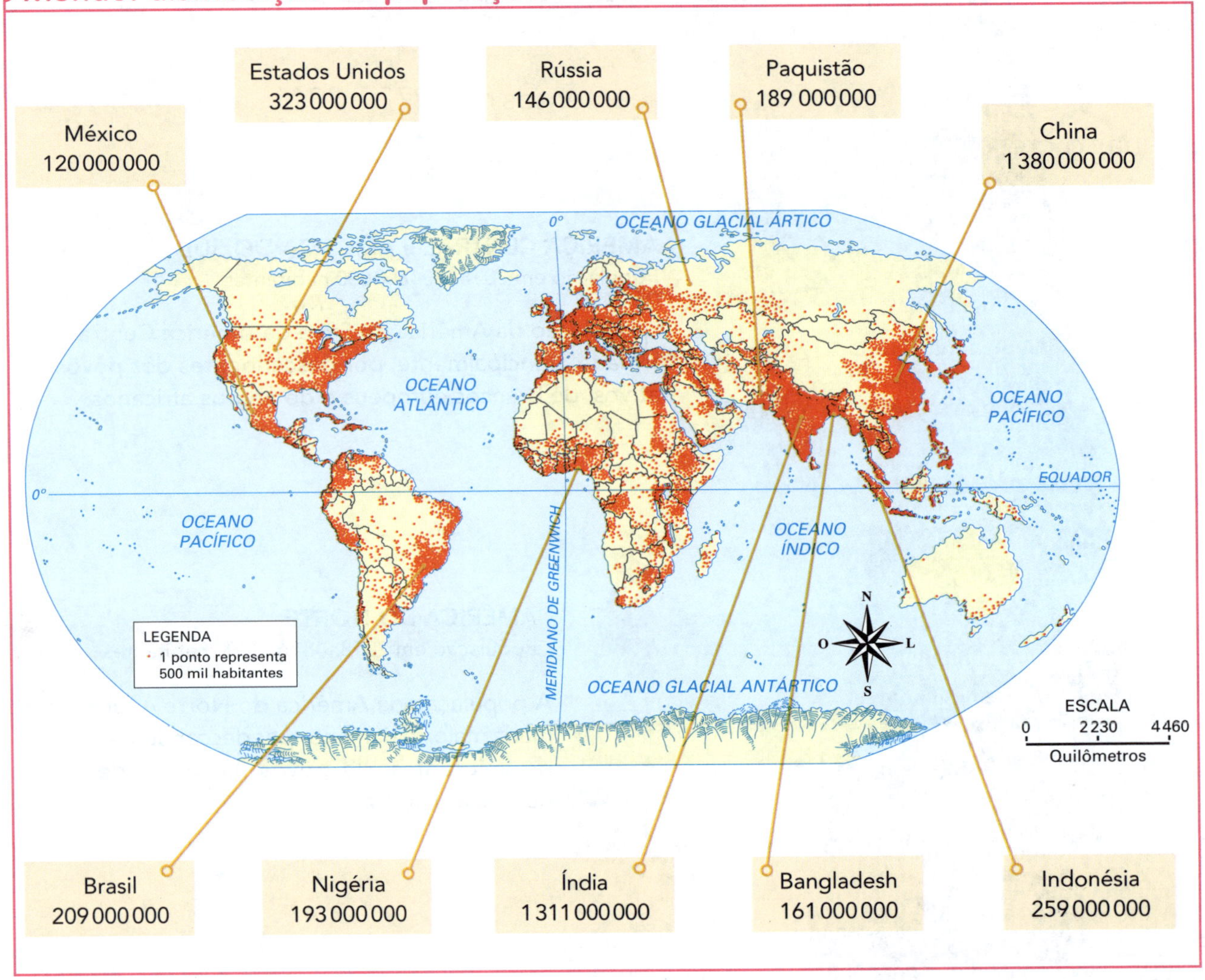

Mapa elaborado pela autora com base em: ISTITUTO Geografico De Agostini. **Calendario Atlante De Agostini 2018**. Novara, 2018. p.142-149.

a) Que continente abriga o maior número de habitantes? ______

b) Cite o nome dos dois países mais populosos desse continente. ______

c) Que país da América do Sul se destaca no quesito **população**?

______

d) Qual é a classificação do Brasil entre os dez países mais populosos do mundo?

______

O crescimento e a composição da população brasileira

Basicamente, a população de um país cresce quando:

- o número de nascimentos é maior do que o número de mortes;
- chegam imigrantes de outros países.

Comparando os dados dos recenseamentos de 1872 a 2010, é possível acompanhar o crescimento da população brasileira nesse período.

Alguns fatores contribuíram para as variações nesse crescimento. Atualmente, no Brasil, a taxa de natalidade (o número de pessoas que nascem) tem diminuído. Além disso, o país já não recebe imigrantes em grande quantidade. Assim, o ritmo de crescimento da população brasileira vem sendo menor.

1 Observe a tabela abaixo para responder às questões sobre o crescimento da população brasileira.

a) Complete o gráfico com os dados da tabela.

Brasil: população – 1872-2010

Ano	População (milhões de habitantes)
1872	10
1890	14
1900	17
1920	31
1940	41
1950	52
1960	71
1970	93
1980	119
1991	147
2000	170
2010	191

IBGE. **Anuário estatístico do Brasil 2015**. Tabela 2.1.1.1. Rio de Janeiro: IBGE, 2016. v. 75. p. 2-9; 2-10.

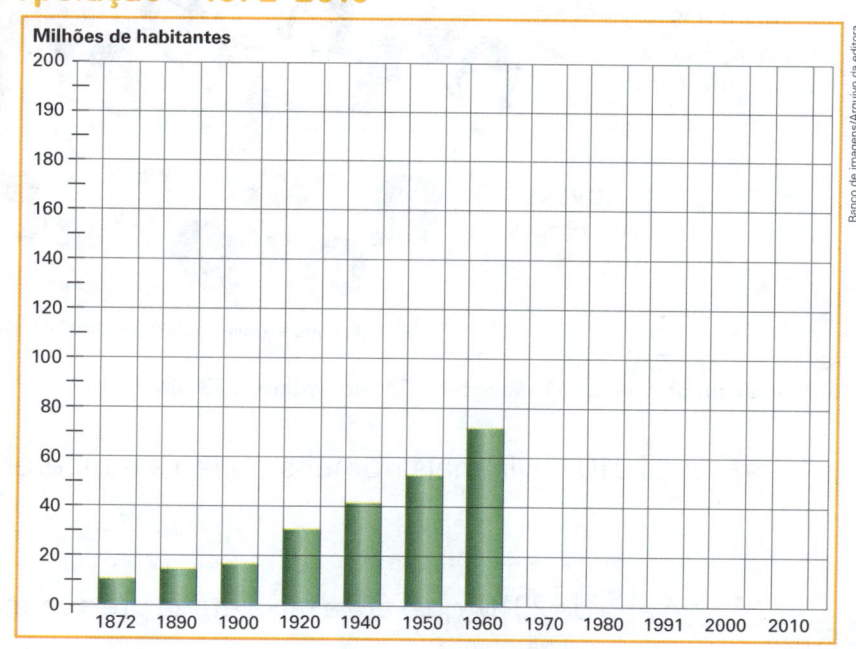

IBGE. **Anuário estatístico do Brasil 2015**. Tabela 2.1.1.1. Rio de Janeiro: IBGE, 2016. v. 75. p. 2-9; 2-10.

b) Qual era a população brasileira em 1872, quando foi feito o primeiro recenseamento oficial? _____

c) Qual era a população brasileira no ano de 2010?

2 Veja os dados do último recenseamento do IBGE, realizado em 2010, que mostra a composição por sexo e por idade da população brasileira.

Composição por sexo

IBGE. **Anuário estatístico do Brasil 2015**. Rio de Janeiro: IBGE, 2016. v. 75. p. 2-11.

De cada cem brasileiros, 51 são mulheres e 49 são homens.

Composição por idade

IDOSOS
60 anos ou mais:
11%

ADULTOS
De 20 a 59 anos:
56%

JOVENS
Até 19 anos:
33%

IBGE. **Anuário estatístico do Brasil 2015**. Rio de Janeiro: IBGE, 2016. v. 75. p. 2-11.

De cada cem brasileiros, 11 são idosos, 56 são adultos e 33 são jovens.

a) Em 2010 havia mais homens ou mais mulheres na população brasileira?

b) No ano de 2010, qual era a faixa etária predominante na população brasileira?

c) Converse com os colegas e tente explicar por que o número de mulheres é um pouco maior do que o de homens.

d) Quando a maior parte da população de um país é jovem, o governo precisa investir em escolas e creches. Quando há muitos adultos, é preciso oferecer trabalho. E quando predominam idosos, o que o governo precisa oferecer?

A distribuição da população brasileira

A população brasileira está distribuída de forma desigual pelo território. Enquanto algumas áreas concentram muitos habitantes, em outras há pouquíssimas pessoas.

Imagine dois bairros: um em uma cidade com poucas moradias e muitas áreas verdes; e outro com muitas moradias, todas próximas umas das outras. Certamente o segundo bairro concentra muito mais moradores do que o primeiro.

A concentração maior ou menor de pessoas em determinado lugar recebe o nome de densidade demográfica.

De acordo com o Censo Demográfico realizado pelo IBGE, em 2010 viviam no Brasil mais de 190 milhões de pessoas, distribuídas por um território de 8 514 876 km².

1 Veja ao lado o mapa da distribuição da população no Brasil.

Brasil: distribuição da população – 2010

Mapa elaborado pela autora com base em: IBGE. **Atlas geográfico escolar**. 8. ed. Rio de Janeiro: IBGE, 2018. p. 112.

a) Onde há maior concentração de pessoas: no litoral ou no interior do país?

___

b) Escreva os nomes de dois estados brasileiros **pouco** povoados e de dois estados brasileiros **muito** povoados.

___

2 Faça uma pesquisa para descobrir quais são os municípios mais povoados do estado onde você vive. Descubra também quais são os municípios menos povoados. Depois, com os colegas e o professor, responda:

- A natureza interfere na ocupação do estado onde você vive?

Quem somos?

Os principais grupos étnicos que contribuíram para a formação do povo brasileiro foram os **indígenas** (nativos, primeiros habitantes), os **brancos** (europeus de Portugal, os primeiros colonizadores) e os **negros** (africanos escravizados, trazidos à força).

A partir da segunda metade do século XIX, imigrantes asiáticos e europeus de vários países vieram para o Brasil, trazendo hábitos e costumes que foram incorporados à cultura brasileira.

Descendentes de todos esses grupos étnicos formam o povo brasileiro. Observe as fotos.

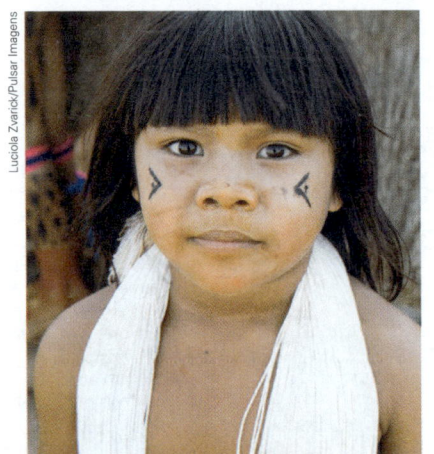
Criança na aldeia Yawalapiti, no Parque Indígena do Xingu, no estado de Mato Grosso, 2016.

Criança em Santa Maria, no estado do Rio Grande do Sul, 2019.

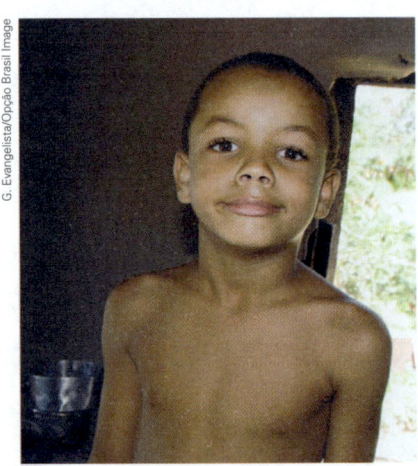
Criança em Minas Novas, no estado de Minas Gerais, 2015.

Criança em Santaluz, no estado da Bahia, 2018.

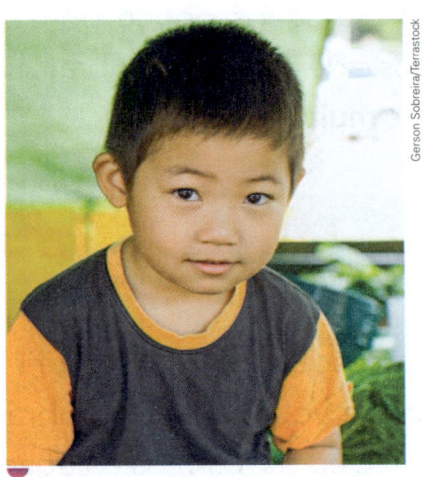
Criança em Londrina, no estado do Paraná, 2016.

1. Leia a letra da canção.

Inclassificáveis

que preto, que branco, que índio o quê?
que branco, que índio, que preto o quê?
que índio, que preto, que branco o quê?
[...]
aqui somos mestiços mulatos
cafuzos pardos mamelucos sararás
crilouros guaranisseis e judárabes
orientupis orientupis
ameriquítalos luso nipo caboclos
orientupis orientupis
iberibárbaros indo ciganagôs
somos o que somos
inclassificáveis
[...]

ANTUNES, Arnaldo. Inclassificáveis. Intérprete: Ney Matogrosso. In: **Inclassificáveis**. [S.l.]: EMI, 2008. 1 CD. Faixa 13.

- Por que a letra da canção diz que somos "inclassificáveis"? Converse com os colegas e o professor.

2. Você saberia dizer de quais grupos étnicos você é descendente? Anote.

3. Agora, com os colegas e o professor, monte uma lista com os grupos étnicos que formam as famílias dos alunos da classe. Depois, façam como na letra da canção e inventem palavras combinando a mistura dos nomes desses grupos.

Os indígenas

Em 1500, quando os portugueses chegaram às terras que formariam o Brasil, calcula-se que havia aqui aproximadamente 5 milhões de indígenas de diferentes povos.

Conforme os portugueses avançavam na ocupação das terras, foram ocorrendo conflitos com os indígenas. Milhares deles morreram, e alguns povos indígenas foram **dizimados**, desaparecendo por completo.

dizimados: mortos, destruídos, exterminados.

Outros povos foram expulsos do litoral brasileiro e se deslocaram para o interior do país.

De acordo com o Censo Demográfico, em 2010 a população indígena no Brasil era de 896 mil habitantes. Desse total, 517 mil vivem em Terras Indígenas.

Observe no mapa a seguir a distribuição das Terras Indígenas atuais.

Mapa 1 – Brasil: Terras Indígenas – 2018

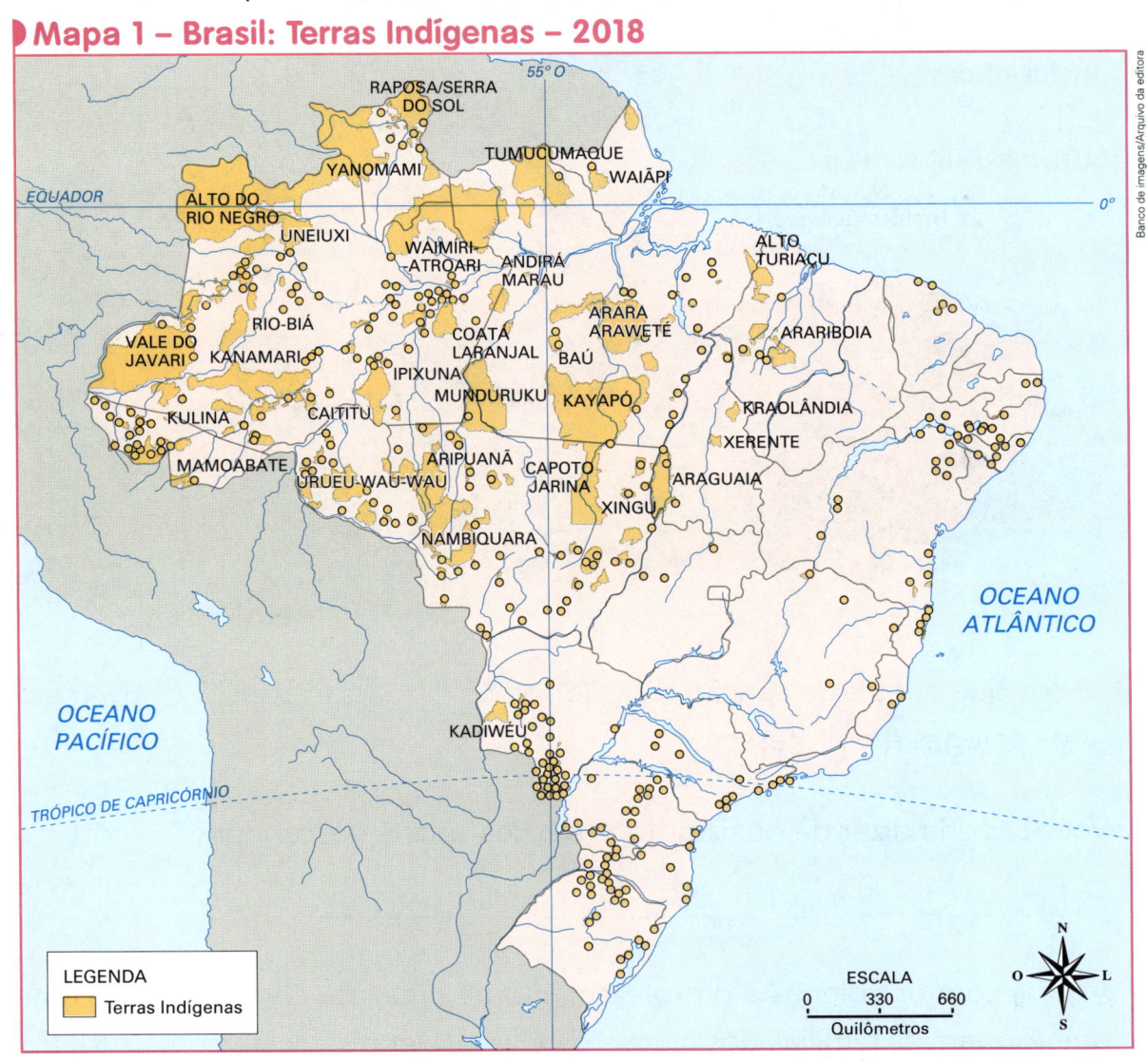

Mapa elaborado pela autora com base em: FUNAI. **Terras indígenas do Brasil**. Disponível em: <http://mapas2.funai.gov.br/portal_mapas/pdf/terra_indigena.pdf>. Acesso em: 14 jan. 2020.

Ainda hoje ocorrem muitos conflitos entre indígenas e não indígenas pela posse e uso das terras no Brasil. Muitos povos indígenas tentam, com o apoio de órgãos como a Fundação Nacional do Índio (Funai), garantir a posse de suas terras.

1 Observe o mapa abaixo e compare com o mapa 1.

Mapa 2 – Brasil: distribuição de florestas – 2016

Mapa elaborado pela autora com base em: IBGE. **Atlas geográfico escolar**. 8. ed. Rio de Janeiro: IBGE, 2018. p. 102.

a) Há relação entre as áreas com florestas e a presença de Terras Indígenas?

b) Em que região do Brasil se localiza a maior parte das Terras Indígenas?

2 Há Terras Indígenas no estado onde você mora? O que você sabe sobre elas?

> **Saiba mais**
>
> São muitos os problemas que os povos indígenas do Brasil têm de enfrentar para manter suas terras e seu modo de viver, com seus costumes e tradições. Veja um exemplo no texto a seguir sobre o povo Munduruku.

Histórias de índio

— Há muitas forças negativas que querem exterminar o nosso povo, a nossa cultura. Os *pariwat* vêm até nós com as promessas na ponta da língua. Prometem manter nossa tradição e nossos costumes, dizendo que são nossos *oboré*, que gostam dos índios, que somos os mais importantes habitantes desta terra e os verdadeiros brasileiros, mas o que fazem é sempre o contrário do que falam: destroem nosso povo e nossa cultura. Eles chegam com suas máquinas de problemas [...], vêm com seu papel que fascina e que chamam *ibubutpupuat* querendo comprar a alma do nosso povo. Prometem aparelho que mostra a cultura do povo deles para a gente acreditar que são melhores que nós. Começaram a nos enganar com essas promessas [...].

Poluíram nosso *idibi*, derrubaram o espírito de nossas árvores, expulsaram nossa caça. Hoje, temos que andar muitos quilômetros se quisermos comer carne boa, carne dos nossos animais: *bio, dapsem, dajekco, daje, hai, poyiayu, pusowawa*. Temos que navegar para outros rios, se quisermos comer peixe bom, pois eles estragaram as margens do nosso Tapajós [...]; espantaram nossos *wasuyu*: *paro, parawá, uru, koru* [...].

Mesmo assim continuamos a viver, a crescer. Nossa tradição nos ensina a lidar com a destruição trazida pelos *pariwat*.

MUNDURUKU, Daniel. **Histórias de índio**. São Paulo: Companhia das Letrinhas, 2016. p. 14.

1. Responda às questões, com base no texto acima.

   a) Quais são as forças negativas que querem exterminar o povo indígena, denunciadas por Daniel Munduruku?

   b) De acordo com o texto, qual é a situação do indígena hoje?

2. Complete os quadros abaixo com o significado de algumas palavras indígenas que aparecem no texto da página anterior.

> **Sugestão de...**
> **Livro**
> **Tupiliques: heranças indígenas no português do Brasil**, de César Obeid. São Paulo: Moderna, 2013.

Munduruku	Significado
pariwat	
oboré	
ibubutpupuat	
idibi	
bio	anta
dapsem	veado
dajekco	caititu
daje	queixada

Munduruku	Significado
hai	paca
poy-iayu	macaco
pusowawa	quati
wasuyu	pássaros
paro	urutau (ave)
parawá	arara
uru	maracanã
koru	curica (ave)

3. As fotos retratam exemplos de contribuições indígenas para a cultura brasileira. Pesquise outras contribuições indígenas e anote no espaço abaixo.

Dos indígenas herdamos o costume de usar sapé na construção de moradias. Na foto, moradia do povo Kayapó, na aldeia Moykarakô, em São Félix do Xingu, no estado do Pará, 2015.

Também herdamos o costume de descansar ou dormir em redes. Foto no Rio de Janeiro, no estado do Rio de Janeiro, 2016.

Os africanos

Os africanos foram escravizados e trazidos à força para o Brasil a partir do século XVI, para realizar trabalho escravo em diferentes atividades econômicas.

> **Sugestão de... Livro**
> **Kiese: história de um africano no Brasil**, de Ricardo Dreguer. São Paulo: Salamandra, 2015.

Durante mais de três séculos, cerca de 4 milhões de africanos, entre homens, mulheres e crianças, chegaram ao Brasil.

Veja no mapa abaixo quais foram as áreas de aprisionamento dos diferentes povos, na África, e quais foram os principais portos de chegada dessas pessoas, no Brasil.

Brasil: entrada de africanos – séculos XVII a XIX

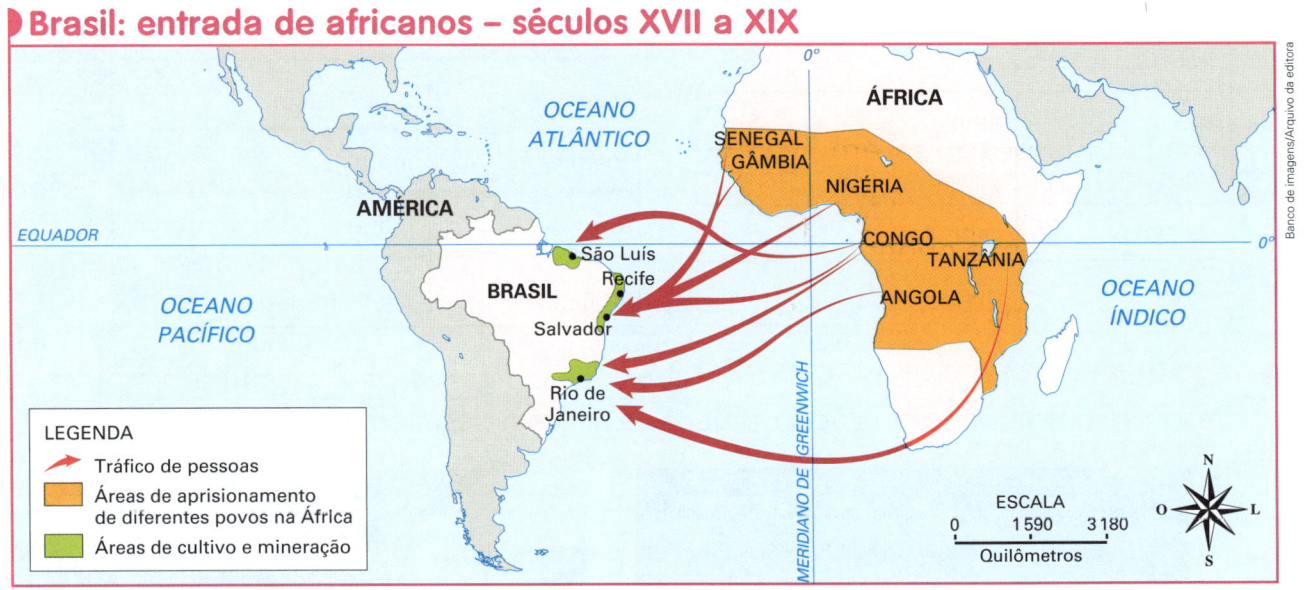

MILANI, Carlos et al. **Atlas da política externa brasileira**. Buenos Aires: Clasco; Rio de Janeiro: Ed. da Uerj, 2014. p. 24.

Durante o período de existência de trabalho escravo no Brasil, formaram-se os quilombos.

Quilombos eram comunidades formadas por negros escravizados que resistiam à escravidão e fugiam em busca de liberdade. Localizados em lugares distantes e de difícil acesso, os quilombos costumavam ser bem fortificados para resistir aos ataques de invasores.

O maior quilombo que existiu foi Palmares. Organizado em onze aldeias fortificadas, durou cerca de cem anos (de 1590 a 1694) e chegou a abrigar mais de 20 mil pessoas.

Atualmente, há comunidades quilombolas espalhadas por todo o Brasil, formadas por descendentes de negros escravizados.

Os povos africanos contribuíram enormemente para a riqueza da cultura brasileira. A cultura africana está presente na nossa língua, comida, religião, música e arte.

1 Com base no mapa da página anterior, faça o que se pede.

Sugestão de...
Site
A cor da cultura. Disponível em: <www.acordacultura.org.br>. Acesso em: 5 dez. 2017.

a) Cite as regiões da África de onde vieram os africanos escravizados para o Brasil.

___

___

___

b) Cite duas cidades brasileiras que receberam africanos escravizados.

___

2 Faça uma pesquisa em livros, revistas e na internet sobre as contribuições africanas na língua portuguesa. Anote no caderno duas palavras de origem africana. Com a orientação do professor, você e os colegas vão anotar na lousa as palavras que encontraram. Depois, copiem todas as palavras no caderno.

3 No dia 20 de novembro comemora-se no Brasil o Dia da Consciência Negra. Nesse dia, no ano de 1695, morreu Zumbi, chefe do Quilombo dos Palmares, lutando pela liberdade. Na sua opinião, por que é importante existir uma data como essa?

___

___

___

Minha coleção de palavras em Geografia

No Brasil, existem várias comunidades quilombolas reconhecidas.

COMUNIDADE QUILOMBOLA

1. Converse com os colegas e com o professor sobre o que são comunidades quilombolas.
2. Verifique se existe alguma comunidade quilombola no estado em que você vive e a apresente aos colegas.

Com a palavra...

Como você estudou, no Brasil há povos indígenas e comunidades quilombolas. Vamos ler a entrevista da pesquisadora Júlia, do ISA, que nos apresenta informações de suas pesquisas com esses habitantes do Brasil, seus lugares de vivência e problemas que enfrentam.

Júlia Jacomini, geógrafa, pesquisadora do Instituto Socioambiental (ISA), organização da sociedade civil que trabalha com áreas protegidas do Brasil e defende os direitos dos povos indígenas e das comunidades tradicionais que vivem nesses territórios.

Qual trabalho você desenvolve no ISA?

O meu trabalho dentro do ISA é pesquisar e gerar informações sobre algumas das ameaças à Floresta Amazônica, como a construção de estradas e hidrelétricas, as queimadas, o garimpo e o desmatamento. Essas ameaças, além de gerar danos ao meio ambiente, também prejudicam o modo de vida das comunidades tradicionais e dos povos indígenas.

Como o garimpo em Terras Indígenas afeta o ambiente local?

O garimpo em Terras Indígenas é proibido no Brasil, mas ocorre de forma ilegal. Para a retirada dos minérios do solo é preciso desmatar a floresta ou destruir as margens dos rios. No caso do ouro, um dos minerais mais explorados pelo garimpo, utiliza-se uma substância para separar o minério das rochas: o mercúrio. A água misturada com o mercúrio é jogada nos rios, poluindo as suas águas, o solo ao seu redor e também os peixes que ali vivem. A poluição do ambiente também prejudica os indígenas, já que eles se alimentam dos peixes desses rios e por meio deles também são contaminados.

Qual a importância das Terras Indígenas na preservação ambiental?

As Terras Indígenas são muito importantes tanto para a preservação ambiental quanto para a preservação da cultura indígena. Nesses territórios os povos indígenas vivem de acordo com as suas tradições, que estão muito ligadas ao ambiente em que vivem. Eles extraem da natureza o que necessitam e preservam o ambiente para que possam continuar vivendo de acordo com os seus costumes.

Como as comunidades quilombolas colaboram na preservação do ambiente?

Grande parte das comunidades quilombolas vive em áreas rurais, em territórios de grande importância para seus ancestrais e sua história, e praticam a agricultura de subsistência. Para que esse modo de vida seja preservado, os quilombolas preservam também o território em que vivem: sua vegetação, seus rios, o solo e a fauna do local. No entanto, é importante destacar que também existem comunidades quilombolas que vivem nas cidades.

Os imigrantes

Dos povos europeus, os portugueses foram os que participaram de maneira mais efetiva na composição da população brasileira.

Durante o período em que o Brasil foi colônia de Portugal – de 1500 a 1822 –, os portugueses vieram para cá com a missão principal de colonizar, ou seja, ocupar o território. Depois da Independência do Brasil, os portugueses continuaram a vir na condição de imigrantes, para trabalhar principalmente nas atividades urbanas.

Assim como os indígenas e os africanos, os portugueses contribuíram para a riqueza da cultura brasileira. Veja nas fotos exemplos dessa influência.

Festa da Cavalhada em Poconé, no estado de Mato Grosso, 2016. Essa festa tem música, dança e representações teatrais. Ela representa as lutas entre cristãos e mouros (população árabe) na península Ibérica (região onde se localizam Portugal e Espanha).

Procissão das Bandeiras, no Recife, no estado de Pernambuco, 2015. Muitas manifestações religiosas do Brasil estão relacionadas ao catolicismo, religião trazida pelos portugueses.

Além dos portugueses, imigrantes vindos de várias partes do mundo contribuíram para formar o povo e a cultura do Brasil, trazendo novos hábitos, palavras, ritmos musicais, comidas, festas e tipos de construção.

> **Sugestão de... Livro**
> **Imigrantes e mascates**, de Bernardo Kucinski. São Paulo: Companhia das Letrinhas, 2016.

A maioria desses imigrantes vinha trabalhar na agricultura. Depois, começaram a vir para as cidades para trabalhar na indústria, no comércio ou como profissionais liberais (marceneiros, carpinteiros, pintores, mecânicos, entre outros).

Veja nas fotos abaixo a influência de alguns desses imigrantes.

Vila Germânica, parque temático que reproduz uma cidade com construções características alemãs, em Blumenau, no estado de Santa Catarina. Foto de 2019.

Evento Rio Matsuri, festival da cultura japonesa, realizado no Riocentro, no Rio de Janeiro, no estado do Rio de Janeiro. Foto de 2020.

1 Observe nas fotos a seguir alguns pratos típicos dos países de origem dos principais grupos que imigraram para o Brasil, que passaram a fazer parte dos hábitos alimentares dos brasileiros.

Pizza: Itália.

Esfirra, quibe e tabule: Síria e Líbano.

Sushi e *sashimi*: Japão.

Paella valenciana: Espanha.

- Você conhece outros pratos típicos trazidos para o Brasil por imigrantes? Cite dois deles, indicando nome e origem.

2 Observe com atenção o mapa abaixo, que mostra os países de origem da maioria dos imigrantes que veio para o Brasil no período entre 1822 e 1940.

Brasil: principais países de origem dos imigrantes – 1822-1940

Elaborado com base em: MILANI, Carlos et al. **Atlas da política externa brasileira**. Buenos Aires: Clasco; Rio de Janeiro: Ed. da Uerj, 2014. p. 25.

a) De quais países vieram os principais grupos de imigrantes para o Brasil no período indicado?

_____

_____

b) Vamos atualizar o mapa? Pesquise na internet informações sobre um país da Ásia e um país da América Latina cuja população tenha imigrado para o Brasil nos últimos anos.

Depois, no mapa acima, pinte os países pesquisados por você e desenhe as setas indicando o fluxo, como foi feito para os países já representados.

3 Faça uma pesquisa sobre um grupo de imigrantes que se fixou na região onde você mora. Procure obter informações sobre sua língua, religião dominante, costumes, músicas, danças e outros aspectos. Pesquise qual foi o principal motivo para que esse grupo tenha saído de seu país de origem. Escreva um pequeno texto com as informações pesquisadas e entregue ao professor.

Tecendo saberes

A vida de um imigrante na nova terra é cheia de desafios. Leia o poema a seguir.

Estrangeiro é quem
Mudou de país
Mudou de paisagem
E fez da viagem
Um modo de estar.

Quem deixou para trás
O que tinha pela frente.
Quem era igual
E se tornou diferente.

Estrangeiro é quem
Mudou por inteiro:
De ares, de amigos
E até de dinheiro.
[...]

Estrangeiro é quem
Perdeu até o direito
De falar a própria língua
E o seu novo país
Ele não sabe – apenas adivinha.

Como dizer bom-dia, boa-noite,
Até-logo, obrigado, se em cada lugar
As palavras mudam
De som e de significado?

Dia é *day*,
Mas também é *jour* e *giorno*,
Também é *dienh* e *dag*,
Gün, lá, yom, päivä,
E pode até ser símbolos, coitado!

Quando chegou,
O estrangeiro sabia apenas
Que tudo tinha mudado.

MARTINS, Alberto. **A floresta e o estrangeiro**. São Paulo: Companhia das Letrinhas, 2000. p. 6-9.

DAY (INGLÊS)

YAWM (ÁRABE)

GÜN (TURCO)

YOM (HEBRAICO)

DÍA (ESPANHOL)

PÄIVÄ (FINLANDÊS) / TAG (ALEMÃO)

DIENH (RUSSO) / JOUR (FRANCÊS)

GIORNO (ITALIANO)

1. Você conhece algum estrangeiro e sua origem? Converse com os colegas e o professor e faça uma lista na lousa.

2. Alguns grupos de imigrantes que chegaram ao Brasil tiveram mais facilidade em aprender a língua oficial do país, o português. Em sua opinião, que grupos de imigrantes tiveram dificuldade para aprender o português? Por quê?

___

___

3. De acordo com o poema, estrangeiro é quem mudou de paisagem. Escolha um dos grupos de imigrantes que aparecem representados no mapa da página 73 e desenhe, ou faça colagens, representando a mudança de paisagem que ocorreu na vida deles quando chegaram ao Brasil.

Paisagem de origem

Paisagem brasileira

Capítulo 4
A construção do espaço brasileiro

Por que as pessoas migram? Você conhece algum migrante?

Para iniciar

Leia o trecho da letra desta canção.

Peguei um Ita no norte

Peguei um Ita no norte
Pra vim pro Rio morá,
Adeus, meu pai, minha mãe,
Adeus, Belém do Pará.

Vendi meus troço que eu tinha,
O resto eu dei pra guardá
Talvez eu volte pro ano...
Talvez eu fique por lá!

Mamãe me deu um conselho
Na hora de eu embarcá
Meu filho ande direito
Que é pra Deus lhe ajudá.

[...]

CAYMMI, Dorival. Peguei um Ita no norte. In: **Caymmi amor e mar**. São Paulo: EMI Music. 2001. 7 CDs. Faixa 22.

1. Qual é a origem e o destino do migrante da letra da canção?

2. O "Ita" passava pelo litoral de quais estados brasileiros nessa viagem? Consulte um mapa político do Brasil para responder à questão.

3. O personagem da canção queria voltar logo para casa ou permanecer no Rio de Janeiro? Explique.

Um país de migrações

Embora o Brasil seja um dos países mais populosos do mundo, seus habitantes estão distribuídos de forma desigual pelas regiões brasileiras, como podemos ver no mapa abaixo.

Brasil: população por região – 2016

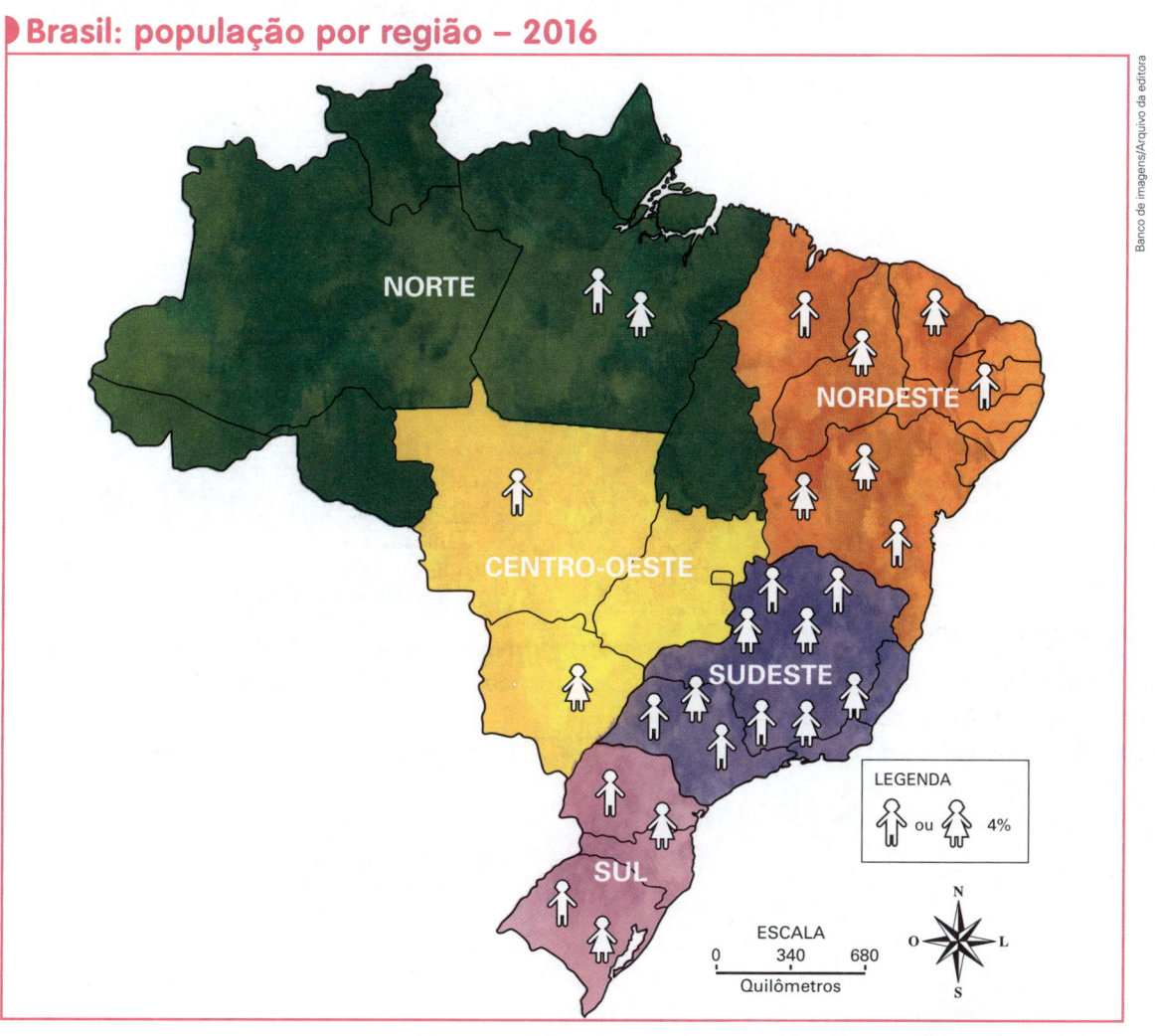

Mapa elaborado pela autora com base em: IBGE. **Anuário estatístico do Brasil 2015**. Rio de Janeiro: IBGE, 2016. v. 75. p. 2-35, 2-37.

1 Qual é a região brasileira com mais habitantes? E quais são as duas regiões com menos habitantes?

_____

2 Ordene as regiões brasileiras conforme o número de habitantes. Comece pela região com mais habitantes.

_____

A ocupação do território brasileiro

A distribuição da população no território brasileiro é resultado das características do processo de povoamento nos diferentes períodos de sua história. Desde o período colonial, as pessoas se deslocam de uma região para outra do país em busca de melhores condições de vida e atraídas por novas atividades econômicas.

Observe nos mapas a seguir como se deu a ocupação do território brasileiro.

Brasil: cana-de-açúcar – séculos XVI e XVII

Durante os séculos XVI e XVII, o litoral do Nordeste e do Sudeste foi ocupado principalmente pelo cultivo da cana-de-açúcar.

Brasil: mineração – século XVIII

Na primeira metade do século XVIII, com a descoberta do ouro, pessoas vindas de São Paulo, do Rio de Janeiro, do Nordeste e de Portugal povoaram a região das minas.

Brasil: café – século XIX

O desenvolvimento do cultivo de café no século XIX atraiu imigrantes e pessoas de outras regiões do país para a região Sudeste.

Brasil: indústria – séculos XX e XXI

Nos séculos XX e XXI, as áreas industriais foram as que mais atraíram a população.

1 Assinale na linha do tempo a seguir as principais atividades econômicas realizadas no Brasil do século XVI até o início do século XXI.

| XV | XVI | XVII | XVIII | XIX | XX | XXI |

2 No século XXI o desenvolvimento de atividades econômicas continua atraindo pessoas para as diferentes regiões do país. Em sua opinião, quais são essas atividades? Comente com os colegas e o professor.

3 Com o professor, pesquise atividades econômicas que tenham atraído pessoas para a região Centro-Oeste. Escreva abaixo um texto com as informações levantadas. Depois faça colagens e elabore legendas para as duas atividades que você encontrou na sua pesquisa.

_____
_____
_____
_____

Por que as pessoas migram: o caso do Nordeste brasileiro

Chamamos **migração** o deslocamento da população de uma região para outra dentro de um mesmo país ou de um país para outro. A pessoa que migra recebe o nome de **migrante**. Vamos conhecer outros termos usados quando falamos de deslocamento de pessoas?

> **Migração interna:** deslocamento de pessoas dentro de um país.

> **Migração internacional:** deslocamento de pessoas de um país para outro.

> **Emigração:** saída de pessoas de um país ou região.

> **Imigração:** entrada de pessoas em outro país ou região.

Geralmente, as pessoas migram quando não encontram boas condições de vida no lugar onde nasceram. Problemas econômicos, climáticos e conflitos estão entre os motivos que fazem as pessoas buscarem melhores condições de vida em outros lugares.

A seca e as duras condições de vida no Sertão da região Nordeste, por exemplo, levaram muitas pessoas a migrar para outras regiões do país. Por isso, a cultura nordestina é muito presente no Brasil todo, como na culinária e na literatura. A migração nordestina é cantada em muitas canções, como as que você vai ler a seguir.

Último pau de arara

A vida aqui só é ruim
Quando não chove no chão
Mas se chover dá de tudo
Fartura tem de montão

Tomara que chova logo
Tomara, meu Deus, tomara
Só deixo meu Cariri
No último pau de arara
[...]

Cláudio Chiyo/Arquivo da editora

CORUMBÁ; Venâncio; GUIMARÃES, José. Intérprete: Fagner. In: **Raimundo Fagner ao vivo**. Sony Music, 2000. 2 CD. Faixa 19.

Pau de arara

Eu um dia cansado que tava da fome que
[eu tinha
Eu não tinha nada que fome que eu tinha
Que seca danada do meu Ceará
Eu peguei e juntei um restinho
de coisas que eu tinha
Duas calças velhas e uma violinha
E num pau de arara toquei para cá
[...]

MORAES, Vinicius de; LYRA, Carlos. Intérprete: Catulo De Paula. In: **Pobre menina rica**. [S.l.]: CBS, 1964. 1 LP. Faixa B2.

Q1 De acordo com as canções, qual é o principal motivo da migração nordestina?

Q2 E atualmente, qual é o principal motivo dessa migração?

3 Complete o quadro ao lado.

4 Pinte no quadro o nome dos estados da região Nordeste. Consulte o mapa da página 24, se necessário.

5 Depois, pinte esses estados no mapa.

Brasil: região Nordeste – 2016

Elaborado com base em: IBGE. **Brasil em números**. Rio de Janeiro: IBGE, 2018. p. 59.

6 Nos trechos das duas canções da página anterior, sublinhe a região e o estado apresentados. Com o professor, represente esse estado e essa região no mapa.

7 Agora, com a ajuda do professor, faça setas indicando a região de origem dos migrantes nordestinos mencionada e os estados de destino.

8 Complete a legenda.

Siglas	Unidades da Federação
AC	
AP	
	Amazonas
PA	
RO	
	Roraima
TO	
	Alagoas
	Bahia
CE	
	Maranhão
	Paraíba
PE	
	Piauí
RN	
	Sergipe
ES	
MG	
	Rio de Janeiro
SP	
	Paraná
	Rio Grande do Sul
SC	
	Goiás
MT	
	Mato Grosso do Sul
	Distrito Federal

81

As migrações internas no século XX

Nas últimas décadas a população brasileira tem se deslocado principalmente para as regiões Centro-Oeste e Norte.

A inauguração de Brasília em 1960 (veja as fotos abaixo) e os projetos de ocupação da região Centro-Oeste atraíram a população das regiões Sul, Sudeste e Nordeste.

Foram abertas estradas e oferecidos financiamentos para a compra de terras para a agropecuária nas regiões Centro-Oeste e Norte.

Na região Norte destacam-se principalmente os estados de Rondônia e Pará, com importante avanço da agropecuária. O estado do Pará também tem importância na área de mineração.

Prédio do Congresso Nacional em construção. Brasília, no Distrito Federal, 1960.

Prédio do Congresso Nacional. Brasília, no Distrito Federal, 2015.

1 Nos mapas a seguir, as setas indicam o deslocamento das pessoas de um lugar a outro no país. Quanto mais grossa é a seta, maior é o número de pessoas que saíram da região. Observe os mapas com atenção e responda às perguntas.

Fonte dos mapas: SIMIELLI, Maria Elena. **Geoatlas**. 35. ed. São Paulo: Ática, 2019. p. 135.

a) Quais são as duas regiões de onde mais saíram migrantes:

- de 1950 a 1970?

_____

- de 1970 a 1990?

_____

b) Que estado recebeu mais migrantes nesses dois períodos?

_____

c) O que ocorreu com a migração nordestina no estado de São Paulo, na década de 2000? _____

_____

d) E no estado onde você mora, o que ocorreu nos três períodos?

2 Como você estudou, a partir da década de 1960, agricultores, pecuaristas e mineradores principalmente do Sul e do Nordeste ocuparam o Centro-Oeste e o Norte do país, aumentando o povoamento dessas regiões e transformando as paisagens naturais. Observe as fotos a seguir.

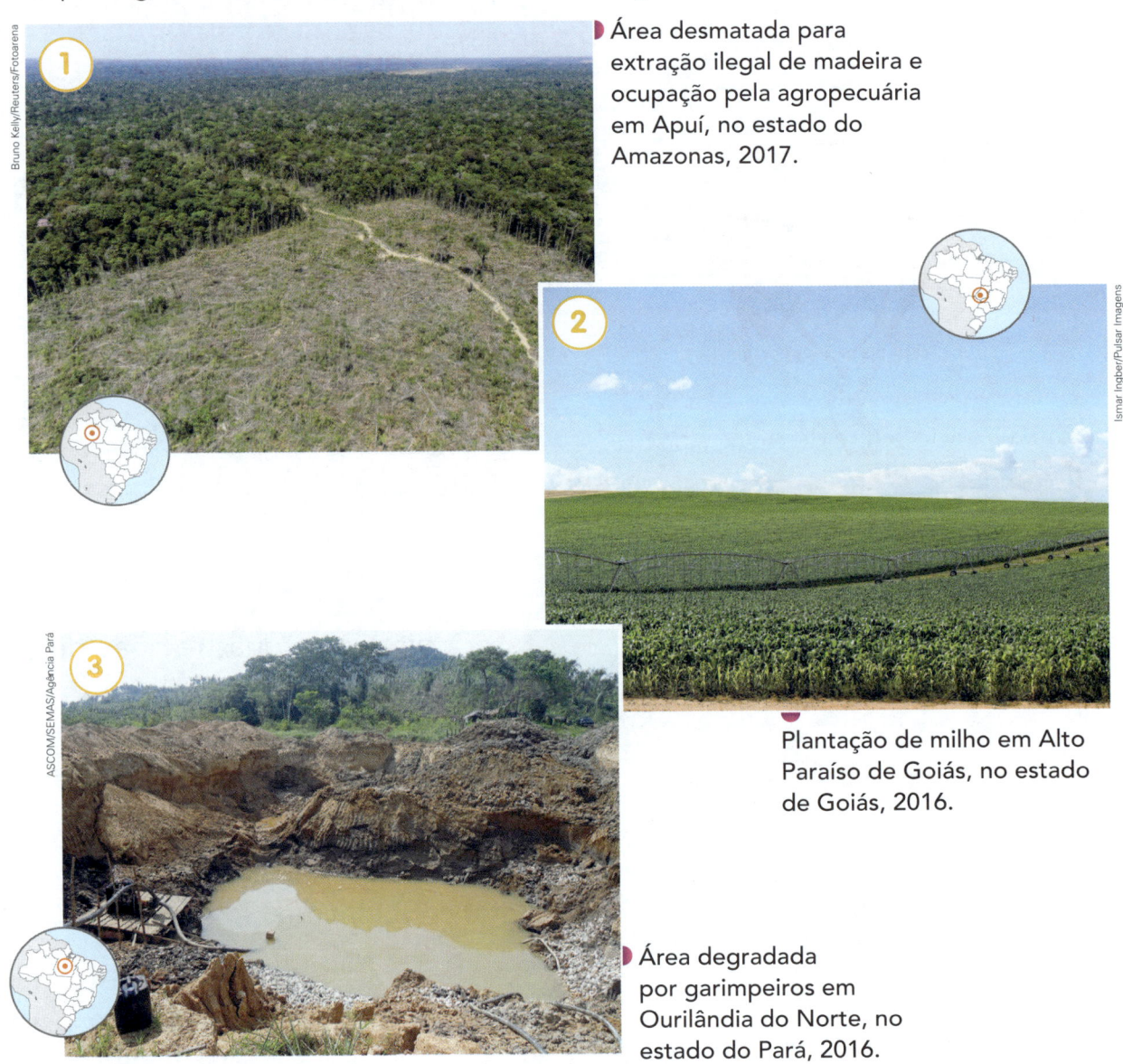

▶ Área desmatada para extração ilegal de madeira e ocupação pela agropecuária em Apuí, no estado do Amazonas, 2017.

▶ Plantação de milho em Alto Paraíso de Goiás, no estado de Goiás, 2016.

▶ Área degradada por garimpeiros em Ourilândia do Norte, no estado do Pará, 2016.

a) As fotos mostram algumas atividades relacionadas ao povoamento recente do interior do Brasil. Que atividades são essas?

_____

b) A situação ilustrada na foto 1 acontece em todas as regiões brasileiras, principalmente nas regiões Centro-Oeste e Norte. Quais são as principais consequências ambientais do desmatamento?

Saiba mais

Enquanto alguns brasileiros migram dentro do próprio país, outros decidem emigrar, ou seja, ir para outros países em busca de trabalho e melhores condições de vida. Os principais destinos escolhidos pelos brasileiros são Estados Unidos, Paraguai, Portugal, Espanha, Itália e Japão.

Para auxiliar esses emigrantes, o governo brasileiro elaborou uma cartilha para o trabalhador brasileiro no exterior. Leia abaixo um trecho dessa cartilha.

Segundo dados do Ministério das Relações Exteriores (MRE), existem cerca de quatro milhões de brasileiros vivendo no exterior, sendo a maioria composta por trabalhadoras e trabalhadores que deixaram o País em busca de melhores oportunidades de emprego e renda.

Esta dinâmica se incrementou a partir do início dos anos de 1990, gerando um fluxo migratório crescente [...].

Grande parte desses trabalhadores migra desconhecendo os procedimentos para obtenção de vistos de trabalho, seus direitos e deveres em outros países, os riscos das migrações feitas de forma irregular, o perigo do tráfico de pessoas e o papel das representações consulares brasileiras no exterior.

[...]

Fazemos ainda um grande esforço para implantar centros de apoio, em parceria com os sindicatos patronais e de trabalhadores, nos principais países para onde os trabalhadores brasileiros migram, proporcionando-lhes um auxílio complementar do governo brasileiro.

MINISTÉRIO do Trabalho e Emprego. **Brasileiras e brasileiros no exterior**: informações úteis. Brasília, 2007. <http://www.portalconsular.itamaraty.gov.br/images/cartilhas/brasileiros-no-exterior.pdf>. Acesso em: 27 fev. 2020.

1. Você conhece algum brasileiro que migrou para outro país? Converse com os colegas e o professor a respeito.

2. Com três colegas, entrevistem uma pessoa que emigrou. Ela pode estar morando fora do Brasil ou já ter retornado. Sigam o roteiro abaixo e anotem as principais informações no caderno. O professor vai marcar um dia para a apresentação da entrevista aos colegas.

a) Para onde você migrou? Por quê? Como foi recebido?

b) Qual era sua profissão no Brasil? E no exterior?

c) Como está sua vida agora em comparação à vida que você tinha quando deixou o Brasil?

Deslocamento do campo para a cidade

A partir de 1950, houve um grande deslocamento da população do campo para a cidade. Esse deslocamento contribuiu para a urbanização do país. Observe as imagens e a tabela abaixo.

Brasil: população urbana e população rural – 1950-2010

Ano	População urbana (em milhões de habitantes)	População rural (em milhões de habitantes)
1950	19	33
1960	32	39
1970	53	41
1980	82	39
1991	111	36
2000	138	32
2010	161	30

IBGE. **Anuário estatístico do Brasil 2015**. Rio de Janeiro: IBGE, 2016. v. 75, p. 2-11; 2-12.

Quais os motivos que levam as pessoas a sair do campo para morar na cidade? Veja abaixo alguns deles.

- A mecanização do campo diminui os postos de trabalho dos camponeses.
- Grande número de pequenas propriedades é comprado por grandes fazendeiros.
- As pessoas que migram buscam melhores condições de vida na cidade.

1 Complete o gráfico abaixo representando a população urbana e a população rural do Brasil. Para isso, consulte os dados do **Anuário estatístico do Brasil 2015** apresentados na tabela da página anterior. Depois, complete a legenda e escreva o título e a fonte do gráfico.

LEGENDA

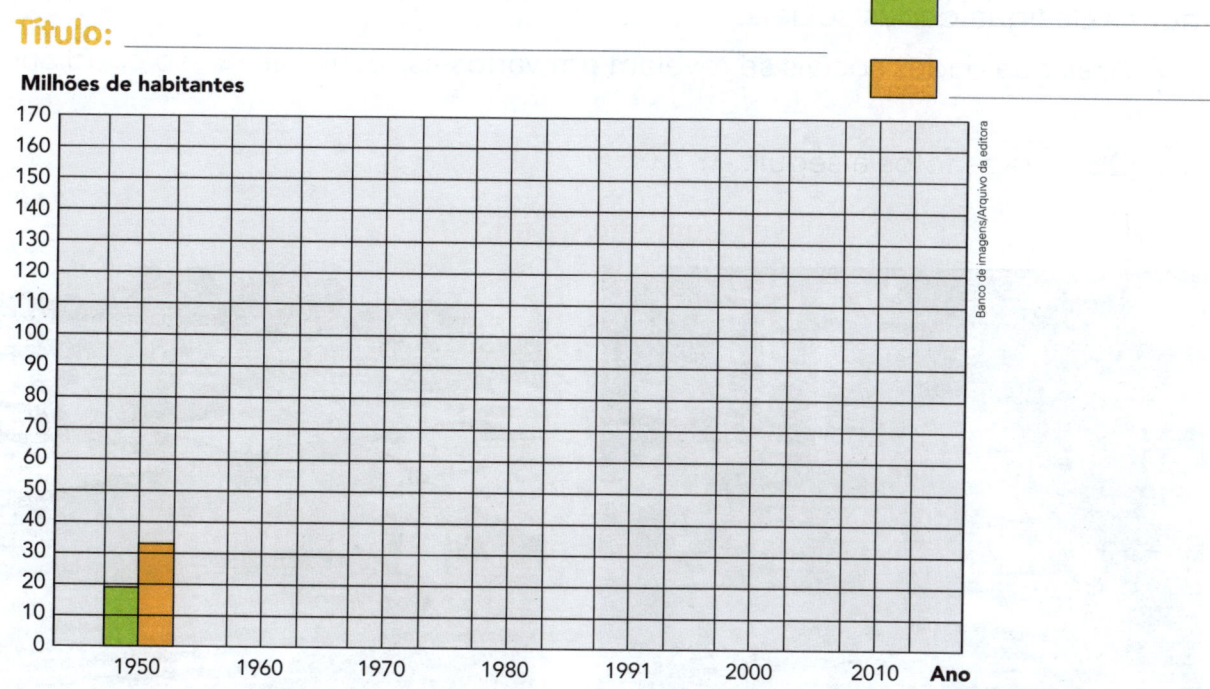

Título: _____

Fonte: _____

- A partir de que ano a população urbana se tornou maior do que a população rural no Brasil? _____

2 Reúna-se em grupo e converse com os colegas sobre os motivos que levaram as pessoas a migrar para a cidade na sua região ou município. Depois anotem suas conclusões em uma folha avulsa e entreguem ao professor.

Minha coleção de palavras em Geografia

Neste capítulo você viu que o deslocamento da população do campo para a cidade contribuiu para a urbanização do país.

URBANIZAÇÃO

1. O que é urbanização?

2. É possível perceber o processo de urbanização em sua cidade? Explique.

Um país com muitas desigualdades

Em um país tão grande como o Brasil, as condições de vida da população variam bastante de uma região para outra. Até dentro de uma mesma região há muitas desigualdades sociais.

As desigualdades sociais se revelam em vários aspectos de nosso cotidiano.

1 Observe as fotos a seguir.

Conjunto de fotos A

Condomínio de alto padrão no município do Rio de Janeiro, no estado do Rio de Janeiro, 2016.

Favela em São Paulo, no estado de São Paulo, 2014.

Conjunto de fotos B

Alunos de uma escola de Jacarepaguá, no estado do Rio de Janeiro, aprendem a jogar *hockey*, 2015.

Criança faz malabarismo em semáforo de Manaus, no estado do Amazonas, 2017.

Conjunto de fotos C

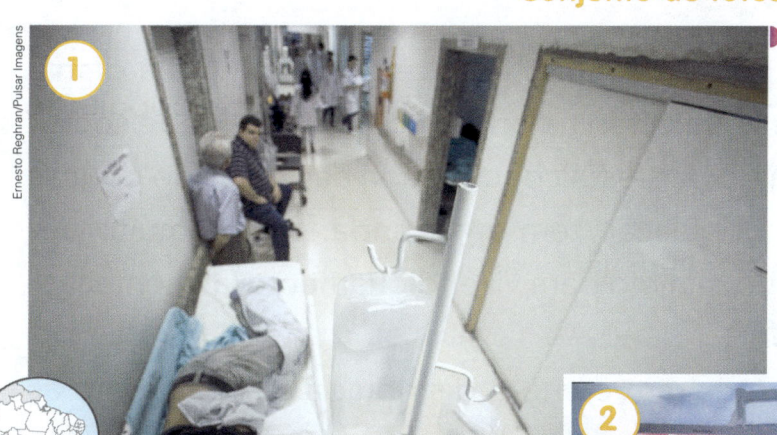

Paciente aguarda vaga em corredor de hospital público lotado em Londrina, no estado do Paraná, 2014.

Moderna sala de cirurgia de hospital privado em São Paulo, no estado de São Paulo, 2016.

a) Com base nas fotos, como você explica o que é desigualdade social?

b) Anote abaixo quais desigualdades você percebeu:

- no conjunto de fotos **A**: _____

- no conjunto de fotos **B**: _____

- no conjunto de fotos **C**: _____

2 Em grupo com alguns colegas, identifique três situações de desigualdade social no município ou no estado onde vocês moram. Pesquisem exemplos e fotos em jornais, revistas ou na internet. Depois, organizem cartazes: colem as fotos e registrem as informações que o professor vai pedir à turma.

A distribuição de renda

A desigualdade entre ricos e pobres é muito grande no Brasil. A má **distribuição de renda** é um dos fatores que estão na origem da desigualdade social.

Grande parte da renda gerada no país está concentrada nas mãos de poucas pessoas, enquanto a maioria da população tem uma renda familiar muito pequena, com a qual é difícil garantir o mínimo para viver dignamente (alimentação, moradia, saúde, educação e lazer).

A ilustração e o mapa abaixo mostram como é distribuída a renda entre as pessoas que trabalham no Brasil.

1 Qual é o valor do salário mínimo no Brasil?

_____

2 Com base no mapa, anote o nome das três unidades da Federação com maior renda por habitante e o nome de três unidades com menor renda.

_____

_____

_____

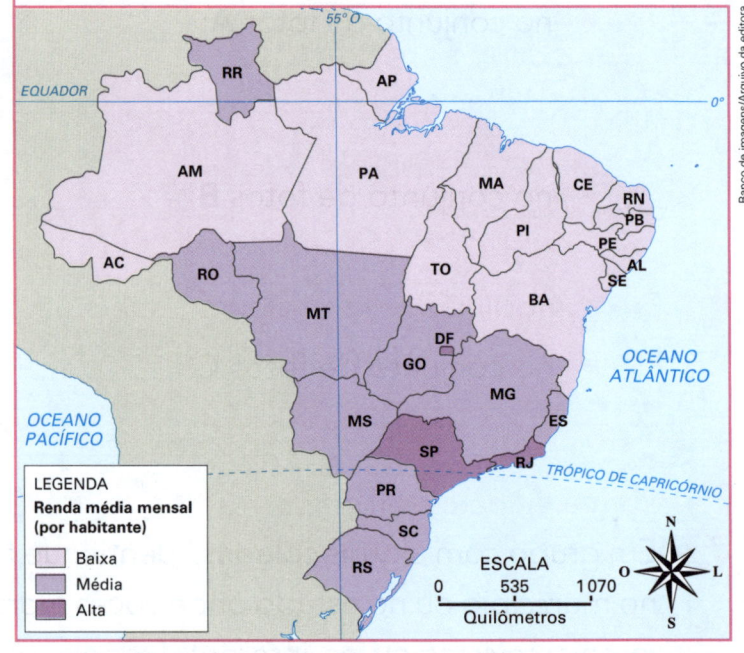

Mapa elaborado pela autora com base em: ONU. Programa das Nações Unidas para o desenvolvimento humano: Brasil. **Atlas do desenvolvimento humano no Brasil**. Disponível em: <www.atlasbrasil.org.br/2013/pt/mapa/>. Acesso em: 27 fev. 2020.

A baixa renda e o trabalho infantil

Por causa da baixa renda de muitas famílias, é comum as crianças abandonarem a escola para trabalhar e ajudar no sustento da família, apesar de o trabalho infantil ser proibido no Brasil.

Isso acontece tanto na cidade quanto no campo: meninos e meninas trabalham em pequenas propriedades agrícolas, vendem doces nas ruas, são engraxates, fazem trabalhos domésticos, coletam lixo reciclável, entre outras atividades.

Essa é uma das piores consequências da pobreza que parte da população brasileira enfrenta.

Observe no gráfico abaixo como o trabalho infantil doméstico está presente em todas as regiões do país. Depois, veja o cartaz de uma campanha contra o trabalho infantil.

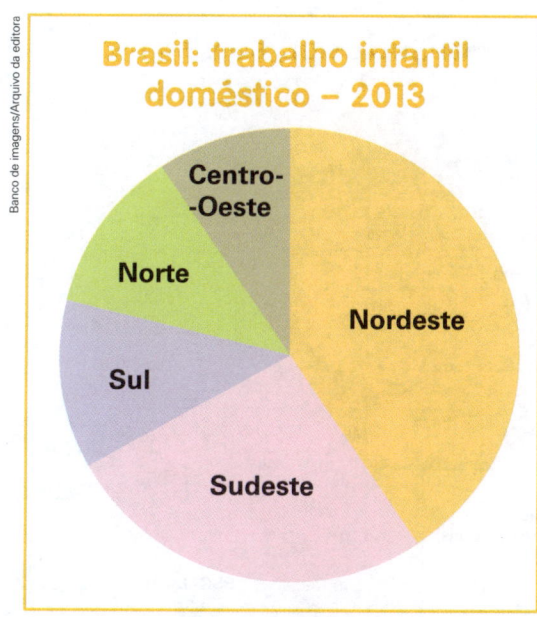

FÓRUM NACIONAL DE PREVENÇÃO E ERRADICAÇÃO DO TRABALHO INFANTIL. **Trabalho infantil e trabalho infantil doméstico no Brasil:** avaliação a partir dos microdados da Pnad/IBGE (2012-2013). Brasília, 2015. p. 47.

Cartaz de campanha contra o trabalho infantil, do Fórum Nacional de Prevenção e Erradicação do Trabalho Infantil (FNPETI), 2019.

1 Em sua opinião, existe alguma relação entre o mapa da página anterior e o trabalho infantil doméstico na região Nordeste? Converse com os colegas e o professor.

2 Com a ajuda do professor, pesquise se existe trabalho infantil no estado ou na região onde você vive. Depois, compartilhe suas descobertas com os colegas.

3 Vocês observam crianças trabalhando na cidade onde vocês moram? Converse com o professor e os colegas.

A educação

O acesso à **educação** no Brasil tem melhorado bastante nos últimos anos. A maioria das crianças está matriculada e frequenta escolas, mas ainda falta muito para que todas as pessoas no país sejam alfabetizadas e a educação tenha melhor qualidade.

As pessoas que têm mais de 15 anos e não conseguem ler e escrever um texto simples, como um bilhete, são consideradas analfabetas. Em geral, o número de analfabetos é maior nas áreas rurais.

1 Observe o mapa.

- De acordo com o mapa, quais são os estados com menores taxas de alfabetização? O estado onde você mora está entre eles?

_____
_____
_____
_____

Brasil: alfabetização – 2010

Mapa elaborado pela autora com base em: ONU. Programa das Nações Unidas para o desenvolvimento humano: Brasil. **Atlas do desenvolvimento humano no Brasil**. Disponível em: <www.atlasbrasil.org.br/2013/pt/mapa/>. Acesso em: 27 fev. 2020.

2 Procure, na seção de empregos de alguns jornais (impressos ou virtuais), dois anúncios que citem o **nível de escolaridade** exigido dos candidatos. Recorte e cole-os em seu caderno.

a) Com os colegas e o professor, compare os níveis de escolaridade exigidos nos anúncios. O que você observa?

b) O que você concluiu ao fazer esta atividade?

• **nível de escolaridade:** classificação utilizada para definir quanto uma pessoa estudou, por exemplo: ela pode ter concluído o Ensino Fundamental, o Ensino Médio, o Ensino Técnico ou o Ensino Superior.

A esperança de vida

Outro dado importante que revela as desigualdades sociais no Brasil é a **esperança de vida**, que indica quantos anos, em média, vivem as pessoas nascidas em determinado país.

Atualmente, a esperança de vida no Brasil é de 76 anos e está relacionada às condições de vida e de saúde da população. Geralmente, onde as pessoas têm acesso a serviços de saúde de qualidade, a esperança de vida é mais alta.

Entre os principais problemas da área da saúde no país está a distribuição desproporcional de hospitais, postos de saúde e médicos no território nacional. Por exemplo: enquanto em algumas regiões há um número elevado de médicos, em outras é grande a carência de profissionais da saúde.

1 Observe o mapa e depois faça as atividades.

a) Anote o nome dos estados que apresentam maior esperança de vida.

Brasil: esperança de vida – 2010

Mapa elaborado pela autora com base em: ONU. Programa das Nações Unidas para o desenvolvimento humano: Brasil. **Atlas do desenvolvimento humano no Brasil**. Disponível em: <www.atlasbrasil.org.br/2013/pt/mapa/>. Acesso em: 27 fev. 2020.

b) Qual é a esperança de vida da população na unidade da Federação onde você mora?

2 Qual é a idade da pessoa mais velha que você conhece? Ela está na média nacional?

O Índice de Desenvolvimento Humano

Os avanços sociais de uma região podem ser medidos pela **renda**, pelo **acesso à educação** e pela **esperança de vida** da população.

Isso significa que, se a população de uma região tem renda elevada, apresenta altas taxas de alfabetização e de esperança de vida, essa região tem alto **desenvolvimento humano**.

1 Observe o mapa abaixo.

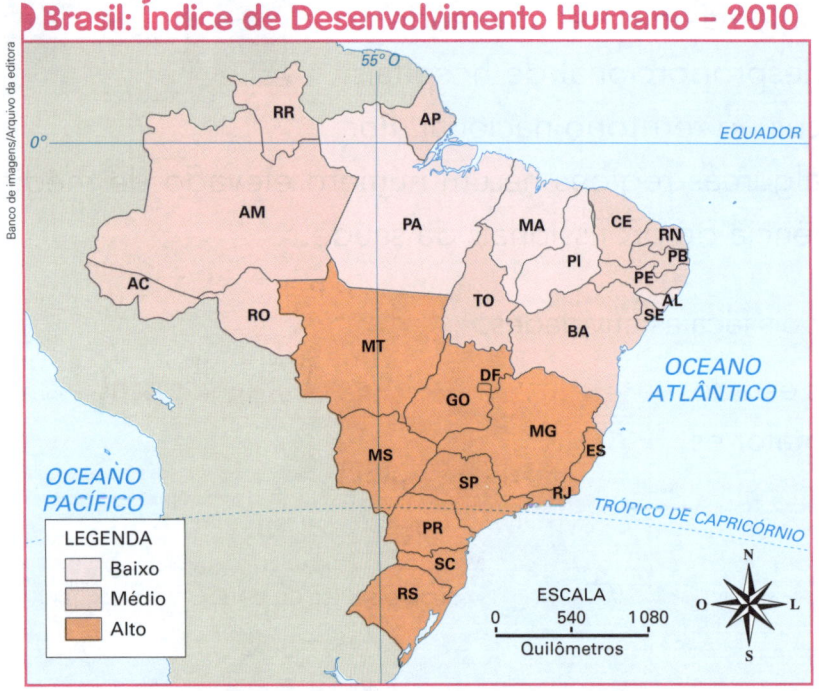

Brasil: Índice de Desenvolvimento Humano – 2010

Mapa elaborado pela autora com base em: ONU. Programa das Nações Unidas para o desenvolvimento humano: Brasil. **Atlas do desenvolvimento humano no Brasil**. Disponível em: <www.atlasbrasil.org.br/2013/pt/mapa/>. Acesso em: 27 fev. 2020.

a) Indique dois estados em cada nível de desenvolvimento humano.

_____

_____

b) Qual é o nível de desenvolvimento humano da unidade da Federação onde você mora?

_____

2 Trabalhe com os colegas. Procurem imagens em jornais e revistas que retratem a desigualdade social no Brasil. Identifiquem o estado a que as imagens se referem e indiquem seu nível de desenvolvimento humano. Depois, com os outros grupos, montem um painel com as imagens pesquisadas.

Assim também aprendo

Leia os quadrinhos abaixo, em que as crianças falam sobre desigualdades sociais.

Sugestão de...
Livro
Vivemos juntos: os direitos e deveres na vida em sociedade, de Edson Gabriel Garcia. São Paulo: FTD, 2014.

IACOCCA, Liliana; IACOCCA, Michele. **O que fazer?** Falando de convivência. São Paulo: Ática, 2010.

1. Quais são os problemas apontados pelas crianças dos quadrinhos relacionados a desigualdades sociais?

2. Converse com os colegas e o professor sobre outros aspectos do desenvolvimento humano, além dos apresentados acima.

3. Agora, em grupos, desenhem outros quadrinhos retratando esses aspectos que vocês acabaram de expor. Depois dos quadrinhos prontos, apresentem o trabalho à classe.

O que estudamos

Eu escrevo e aprendo

Nesta atividade você vai utilizar a **linguagem escrita** para retomar o que estudou na unidade. Escreva abaixo uma frase sobre o que você estudou em cada capítulo.

Capítulo 3 – **A população brasileira**

_____
_____
_____

Capítulo 4 – **A construção do espaço brasileiro**

_____
_____
_____

Minha coleção de palavras em Geografia

Em cada capítulo desta unidade há uma palavra destacada para a sua coleção de palavras em Geografia. São palavras comuns em textos de Geografia e vão ajudar você a compreender melhor todos eles. Reveja essas palavras ao lado.

COMUNIDADE QUILOMBOLA, página 69.

URBANIZAÇÃO, página 87.

1. O que você aprendeu com essas duas palavras? Converse com os colegas e o professor.

2. Em um quadro no caderno, escreva essas duas palavras e o significado de cada uma delas. O significado deve estar relacionado ao que você aprendeu no capítulo.

Eu desenho e aprendo

Nesta atividade você vai utilizar a **linguagem gráfica** para retomar o que estudou na unidade. Desenhe abaixo o que você considerou mais importante em cada capítulo. Se preferir, faça uma colagem.

Capítulo 3 – A população brasileira

Capítulo 4 – A construção do espaço brasileiro

Hora de organizar o que estudamos

Quantos somos

- População do Brasil: 209 milhões de pessoas.
- População do mundo: 7,3 bilhões de pessoas.

Distribuição desigual da população no mundo e no Brasil

Mundo: população – 2018

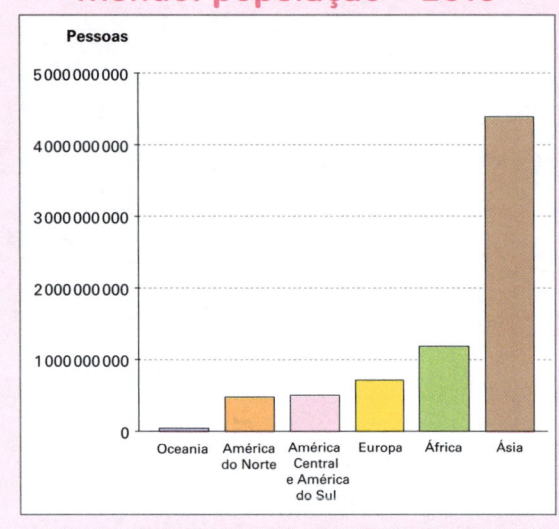

Elaborado com base em: INSTITUTO Geografico De Agostini. **Calendario Atlante De Agostini 2018**. Novara, 2018. p. 64.

Brasil: população – 2010

Mapa elaborado pela autora com base em: IBGE. **Atlas geográfico escolar**. 8. ed. Rio de Janeiro: IBGE, 2018. p. 112.

Quem somos (grupos étnicos formadores da população brasileira)

- Indígenas.
- Negros africanos.
- Brancos europeus.

Migração e urbanização no Brasil

- População urbana ultrapassa a rural na década de 1970.

Ano	População urbana (em milhões de habitantes)	População rural (em milhões de habitantes)
1950	19	33
1970	53	41
1991	111	36
2010	161	30

IBGE. **Anuário estatístico do Brasil 2015**. Rio de Janeiro: IBGE, 2016. v. 75, p. 2-11; 2-12.

Migração interna da população brasileira

▸ **Brasil: migração – 1950-1970**

▸ **Brasil: migração – década de 2000**

Fonte dos mapas: SIMIELLI, Maria Elena. **Geoatlas**. 35. ed. São Paulo: Ática, 2019. p. 135.

Índice de Desenvolvimento Humano

▸ **Brasil: Índice de Desenvolvimento Humano – 2010**

Mapa elaborado pela autora com base em: ONU. Programa das Nações Unidas para o desenvolvimento humano: Brasil. **Atlas do desenvolvimento humano no Brasil**. Disponível em: <www.atlasbrasil.org.br/2013/pt/mapa/>. Acesso em: 27 fev. 2020.

Indicadores da desigualdade social no Brasil

- Renda.
- Educação.
- Esperança de vida.

Para você refletir e conversar

- Qual assunto você achou mais importante nessa unidade? E qual achou mais difícil de entender?
- De qual povo formador da população brasileira você percebe mais influência no seu dia a dia?
- Em sua opinião, o que é possível fazer para diminuir a desigualdade social no Brasil?

Unidade

3 As cidades e o trabalho

- Na ilustração, vemos um problema comum nas médias e grandes cidades. Qual é esse problema? Ele ocorre onde você mora?
- Você identifica a tecnologia no dia a dia de onde você mora?
- Como a tecnologia vem mudando a vida no campo e na cidade?

Capítulo 5

O crescimento das cidades

Você percebe mudanças no lugar onde vive? Quais?

Para iniciar

Leia os versos do poema a seguir.

Cidade

Arrogante chega o homem
Com a maquinaria à mão.
[...]
Constrói pontes, rodovias, muda a mata completamente.
Ergue casa, edifícios
[...]
Da antiga zona rural
Nasce a cidade agitada.
O homem fica perdido
[...]
Com o progresso descomunal
Que ele próprio fez criar.
[...]

MENDES, Iara Machado. **Olhares & trilhas**. Uberlândia: Universidade Federal de Uberlândia, 2002. p. 51-52.

Sugestão de...
Site
Portal Brasiliana Fotográfica. Disponível em: <http://brasilianafotografica.bn.br/>. Acesso em: 20 jan. 2020.

1. Segundo o poema, qual foi o progresso criado pelo ser humano?

2. Na sua opinião, o que significam os versos "O homem fica perdido [...] / Com o progresso descomunal / Que ele próprio fez criar."?

As cidades se transformam

> **Sugestão de... Filme**
> **São Sebastião do Rio de Janeiro – a formação de uma cidade**. Direção: Juliana Simões de Carvalho, 2015. Duração: 90 min.

Você já estudou que os seres humanos transformam a natureza por meio do trabalho, deixando suas marcas nas paisagens. Essas marcas podem ser percebidas ao longo do tempo, por exemplo, nas mais variadas construções, que vão sendo erguidas e destruídas de acordo com as necessidades dos grupos humanos.

Quando escavamos uma montanha para construir um túnel ou quando mudamos o caminho natural de um rio para construir uma avenida, estamos modificando a paisagem com o uso de tecnologia.

Um exemplo é a cidade do Rio de Janeiro, que passou por muitas transformações, do período em que foi a capital do Brasil aos dias de hoje. Até morros foram retirados de onde estavam para dar passagem ao "progresso". Leia o texto a seguir.

> O engenheiro Pereira Passos, [...] prefeito nomeado em 1902 [...], tinha como prioridade remodelar o Centro do Rio.
>
> [...] Abriu a Avenida Central (hoje Rio Branco), [...] alargou ruas e pavimentou parte da cidade. Para fazer os **boulevards**, sanear o Centro e realizar sua reforma [urbana] de inspiração francesa, Pereira Passos mandou demolir mais de 1 300 casas, edifícios e cortiços [...] deixando 14 000 pessoas sem moradia. Era o Rio do "bota-abaixo".
>
> VIANNA, Luis Fernando. **Geografia carioca do samba**. Rio de Janeiro: Casa da Palavra, 2004. p. 16-17.

boulevards: palavra francesa que significa ruas largas, geralmente arborizadas. Em português usa-se o termo **bulevar**.

Reforma no centro da cidade do Rio de Janeiro, no estado do Rio de Janeiro, em 1905.

1 O que o prefeito Pereira Passos mandou "botar abaixo" com sua reforma urbana? Qual era o objetivo dele?

2 Em sua opinião, o então prefeito estava mais preocupado em mudar a cidade ou melhorar a vida da população?

As formas urbanas

Em muitas cidades, além das constantes modificações, chamam a atenção as **formas urbanas** que elas têm, relacionadas diretamente com o sistema viário. Vamos ver alguns exemplos mais comuns.

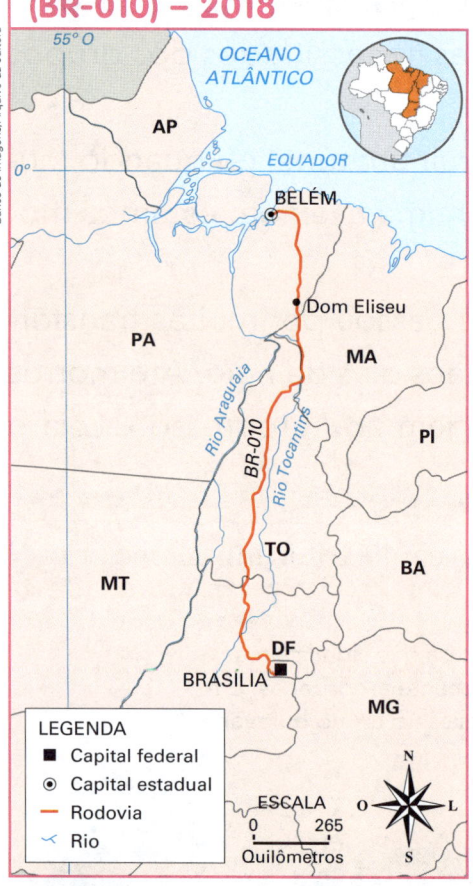

Elaborado com base em: IBGE. **Atlas Geográfico Escolar**. 8. ed. Rio de Janeiro: IBGE, 2018, p.141.

Muitas vezes, as cidades crescem acompanhando a extensão de uma estrada, de uma linha férrea ou até mesmo de um rio.

Na década de 1960, uma enorme rodovia começou a ser construída no Brasil. Ela recebeu o nome de "Belém-Brasília", pois pretendia interligar essas duas capitais, aumentando o escoamento de produtos agrícolas e integrando as regiões Norte e Centro-Oeste.

Muitas cidades começaram a ser construídas às margens dessa rodovia, transformando completamente a paisagem, anteriormente ocupada por vegetação natural.

O sistema viário brasileiro foi o elemento mais importante para o planejamento, a organização e o crescimento das cidades às margens dessa rodovia, o que fez com que suas atividades econômicas e sua forma urbana acompanhassem a estrada. Essa forma urbana é conhecida como **linear**.

Início da construção da rodovia Belém-Brasília. Foto de 1959.

Imagem de satélite mostra a área urbana do município de Dom Eliseu, no estado do Pará, acompanhando as margens da rodovia Belém-Brasília, 2017.

Além da forma linear, as cidades podem apresentar outras formas urbanas. Algumas cidades crescem a partir de um núcleo central e por corredores radiais. O desenho criado por essa forma parece um "sol": um centro a partir do qual saem raios de diferentes tamanhos e direções.

O centro da cidade de São Paulo é um exemplo típico dessa forma urbana **radial**, já que as primeiras construções surgiram nesse núcleo e depois começaram a se expandir. Veja o mapa ao lado.

Elaborado com base em: PREFEITURA de São Paulo. **Mapa Digital da Cidade de São Paulo**. Disponível em: <http://geosampa.prefeitura.sp.gov.br/Paginas Publicas/_SBC.aspx#>. Acesso em: 17 jan. 2020.

Outras cidades crescem de forma planejada. Essa organização faz com que o desenho quase geométrico do cruzamento de suas ruas e avenidas lembre um **tabuleiro de xadrez**, que dá o nome a essa forma urbana. Observe na imagem de satélite o traçado das ruas e esquinas da cidade de Pelotas, no Rio Grande do Sul.

Imagem de satélite de Pelotas, no estado do Rio Grande do Sul, 2017.

1 Pesquise, no *site* da prefeitura de seu município, em um atlas ou em imagens aéreas, como é o desenho das ruas da região central de sua cidade. Esse desenho assemelha-se a alguma das formas urbanas citadas? A qual? Conte à turma.

2 No caderno, faça uma representação bem simples do desenho formado pelo sistema viário do centro de sua cidade.

As funções urbanas

As cidades também podem ter diferentes **funções**, definidas de acordo com sua localização e com as atividades econômicas desenvolvidas, entre outros fatores.

Vamos conhecer o exemplo da cidade de Natal, a capital do Rio Grande do Norte, que inicialmente teve a função de defesa do território e hoje tem múltiplas funções.

Para compreender o processo de formação da cidade de Natal, é importante conhecer a sua história. Observe as fotos e a imagem de satélite desta página e da seguinte.

Em 1597, os colonizadores portugueses chegaram à área que hoje corresponde à cidade de Natal. Já em 1598 começaram a construir uma fortificação, conhecida hoje como Forte dos Reis Magos, para defender o território de ataques estrangeiros. Imagem de satélite de 2014.

Situada no extremo leste da América do Sul e banhada pelo oceano Atlântico, a cidade ocupa posição estratégica. Durante a Segunda Guerra Mundial (1939-1945), a cidade serviu de base militar para navios dos Estados Unidos. Na foto, Forte dos Reis Magos e a cidade ao fundo, 2017.

Em 1965, foi inaugurada em Natal a base aérea Centro de Lançamento da Barreira do Inferno (CLBI). É um importante centro de lançamento de foguetes, de coleta de dados espaciais e de pesquisas desenvolvidas pela Aeronáutica Brasileira. A área foi escolhida por se localizar próxima à linha do equador, ser favorável ao lançamento de foguetes, ter baixo índice de chuvas e boas condições de ventos. Foto de 2014.

Atualmente, o desenvolvimento da infraestrutura urbana, do comércio e de serviços, como hotelaria e meios de transporte, possibilitou que Natal se transformasse em importante destino de turistas em busca de suas belas praias e dunas. Foto de 2017.

Antigamente, era mais simples identificar as funções das cidades de acordo com as atividades predominantes em cada período da História: falávamos em cidades industriais, financeiras, religiosas, turísticas, político-administrativas (sedes de governo). Atualmente, é correto dizer que uma cidade pode ter múltiplas funções, pois geralmente abriga diversas atividades.

Como exemplo de cidade com múltiplas funções, podemos citar Santos, no estado de São Paulo, que teve seu processo de urbanização impulsionado pela construção do porto e enriqueceu no início do século XX com a exportação do café produzido no estado.

Atualmente, há a exploração de petróleo e de gás natural na bacia de Santos, uma atividade de grande importância econômica, além do turismo.

O porto de Santos foi inaugurado em 1892. Atualmente, é considerado o porto mais importante da América do Sul. Foto de 2017.

O prédio da Bolsa de Café de Santos foi inaugurado em 1922 e estava ligado à exportação do produto. Hoje, o edifício abriga o Museu do Café. Foto de 2014.

Santos abriga o maior jardim de orla marítima do mundo, com mais de cinco quilômetros de extensão, e praias que atraem muitos turistas. Foto de 2017.

Atualmente, as ruas do centro histórico de Santos concentram restaurantes, hotéis, bares e uma agitada vida cultural. Foto de 2014.

1. Sublinhe, nas legendas das imagens das páginas 106 e 107, os trechos que indicam a influência da localização de Natal nas diferentes funções que ela teve no passado e tem hoje.

2. Qual das imagens acima você acha que melhor representa a economia da cidade de Santos? Por quê?

3. Pesquisem, em grupos e com a orientação do professor, as diferentes atividades econômicas que se desenvolvem na cidade onde moram. Avaliem se elas têm alguma função urbana específica.

A função turística

Vários municípios brasileiros recebem milhares de visitantes todos os anos e têm o **turismo** como sua principal atividade econômica. Geralmente, esses municípios são conhecidos por sua beleza natural, suas manifestações culturais e paisagens históricas, atraindo turistas brasileiros e estrangeiros.

O turismo é uma atividade do setor terciário da economia. Para que gere renda, requer que os municípios criem a infraestrutura necessária para atender aos turistas: estradas de acesso, portos, aeroportos, rodoviárias, ruas em boas condições para circulação de ônibus, rede de hotéis, pousadas, restaurantes, comércios, museus e outras atrações de **lazer** e diversão.

lazer: descanso, entretenimento, folga.

- Observe as fotos a seguir. Depois, aponte elementos que justifiquem a função turística desses lugares.

Gramado, no estado do Rio Grande do Sul, 2017.

Bonito, no estado de Mato Grosso do Sul, 2015.

Minha coleção de palavras em Geografia

Você estudou que o turismo é uma atividade do setor terciário da economia.

TURISMO

1. Apresente uma definição para turismo.
2. O seu município possui atrações interessantes para um turista visitar? Escolha uma e explique o porquê.

Saiba mais

O turismo envolve, além das modalidades tradicionais, o chamado **ecoturismo** e o **turismo rural** (também conhecido como **agroturismo**).

O ecoturismo é um segmento do turismo que utiliza, de forma sustentável, o patrimônio natural e cultural de um lugar. Busca alertar os turistas sobre a importância do cuidado com o ambiente e os recursos naturais.

O turismo rural ou agroturismo é um segmento do turismo no qual o visitante, muitas vezes vindo da cidade, tem a oportunidade de conhecer o dia a dia do campo e como são produzidos os alimentos, por exemplo. Também é possível vivenciar atividades típicas das áreas rurais, como andar a cavalo, nadar no rio, pescar, entre outras.

1. Procure, em jornais e revistas, fotos ou anúncios de um município brasileiro que pratica o ecoturismo. Depois, cole-os no quadro abaixo.

2. O município de Venda Nova do Imigrante, no estado do Espírito Santo, é o berço do agroturismo no Brasil. Com o professor, faça pela internet um levantamento de algumas informações sobre esse município e responda:

   a) Como você imagina que era a cidade de Venda Nova do Imigrante antes de iniciar as atividades do agroturismo?

   b) De que maneira as atividades relacionadas ao agroturismo podem ter transformado essa cidade?

Interações urbanas

Ao estudarmos as cidades e o processo de urbanização, devemos levar em consideração que existem pequenas, médias e grandes cidades e que elas interagem entre si.

Tradicionalmente, os habitantes de cidades pequenas e de áreas rurais dependem de idas e vindas às cidades grandes, com maior oferta e variedade de serviços, comércios e infraestrutura (hospitais, universidades, órgãos públicos, etc.).

Assim, as cidades maiores têm influência sobre as menores de seu entorno e a elas se integram pelas vias de circulação e de comunicação.

A ampliação dos meios de comunicação (televisão, internet, *smartphones*, etc.) tem modificado os hábitos dos habitantes de pequenas cidades ou de áreas rurais. Essas modificações decorrem da maior interação entre esses habitantes e o modo de vida dos habitantes dos médios e grandes centros urbanos.

Veja abaixo um exemplo de emprego de alta tecnologia na comunicação, que vem contribuindo para a maior interação entre os habitantes das cidades.

Imagem de satélite com a superposição da malha de fibra óptica em Porto Velho, no estado de Rondônia, 2015.

1. Com mais dois colegas, pesquise o que é e para que serve a malha de fibra óptica. Anote suas descobertas no caderno e compartilhe com os outros colegas.

2. Converse com o professor e os colegas sobre como a ampliação dos meios de comunicação modifica os hábitos dos moradores de cidades pequenas ou de áreas rurais.

O deslocamento entre cidades

Vamos ver como ocorrem algumas interações entre as cidades, ou seja, como são as ligações entre elas.

O IBGE fez uma pesquisa mostrando o deslocamento das pessoas para o **trabalho** e o **estudo** em várias concentrações urbanas no Brasil.

Veja alguns exemplos que deixam evidente o deslocamento de uma cidade para outra, ou seja, como essas cidades se relacionam umas com as outras.

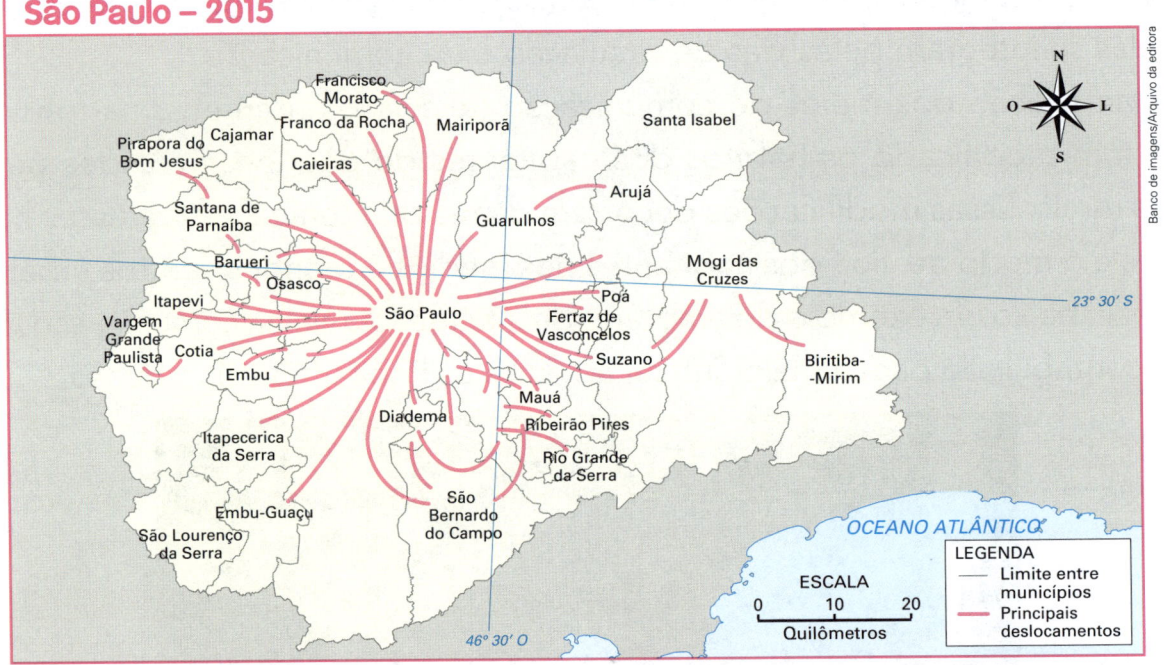

Deslocamentos para trabalho e estudo na concentração urbana de São Paulo – 2015

Deslocamentos para trabalho e estudo na concentração urbana de Porto Alegre – 2015

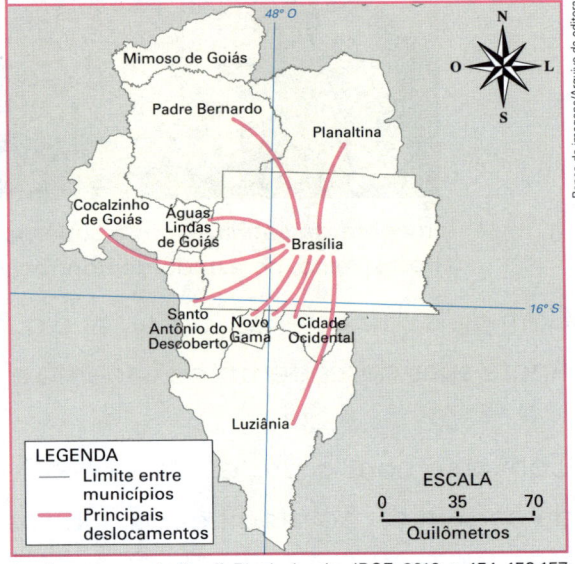

Deslocamentos para trabalho e estudo na concentração urbana de Brasília – 2015

Mapas elaborados com base em: IBGE. **Arranjos populacionais e concentrações urbanas do Brasil**. Rio de Janeiro: IBGE, 2016. p. 154, 156-157.

1 Nos mapas da página anterior identificamos que algumas cidades são polos de atração.

   a) Quais são elas? _____

   b) Por que essas cidades atraem pessoas de várias outras cidades?

2 Agora é sua vez! Represente no espaço abaixo o deslocamento de sua família para estudo, lazer, trabalho, compras e atendimento médico-hospitalar. Siga as orientações abaixo e as do professor.

   a) Se você mora em uma cidade média ou grande, faça as ligações entre os bairros.

   b) Se você mora em uma cidade muito pequena, faça as ligações com as cidades vizinhas.

Capítulo 6
O trabalho e a tecnologia

O que é tecnologia? Para que ela serve?

> **Sugestão de...**
> **Livro**
> **Invenções – Ciência e tecnologia: ideias que mudaram o mundo.** São Paulo: Ciranda Cultural, 2010.

Para iniciar

Observe atentamente a pintura de 1903 e a foto de 2015.

Ceifa em Anticoli, de Pedro Weingärtner, 1903 (óleo sobre tela, de 50 cm × 100 cm).

Colheita mecanizada de trigo em Nova Fátima, no estado do Paraná. Foto de 2015.

1. Qual é o intervalo de tempo entre as duas imagens?

2. Aponte duas semelhanças e duas diferenças entre as cenas retratadas nas imagens.

Mudanças no campo e na cidade

Às vezes, nossos avós ou pessoas mais velhas da família nos contam histórias de seu tempo de escola: como eram as aulas e os professores, como iam para a escola, quais eram as brincadeiras com os amigos...

Você já observou que, ainda que eles tenham morado na mesma cidade que nós, temos a impressão de que o lugar era muito diferente do que é hoje?

Isso ocorre porque, com o passar do tempo, a tecnologia desenvolvida pelos seres humanos vem modificando o espaço, assim como o trabalho e o modo de vida das pessoas.

1 Leia o trecho da letra da canção a seguir.

Você vai gostar

Fiz uma casinha branca
Lá no pé da serra
Pra nós dois morar
Fica perto da barranca
Do rio Paraná
O lugar é uma beleza
Eu tenho certeza
Você vai gostar
[...]

Quando for tempo de festa
Você veste o seu vestido de algodão
[...]
Satisfeito eu vou levar
Você de braço dado
Atrás da procissão
Vou com meu terno riscado
Uma flor do lado
E meu chapéu na mão

SANTOS, Elpídio dos. Intérprete: Renato Teixeira.
In: **Ao vivo no Rio** – 30 anos de Romaria. Sony Music, 1998. 1 CD. Faixa 5.

a) Onde fica a casinha branca da canção?
_____

b) A letra cita um vestido de algodão. Quais são as atividades econômicas envolvidas para confeccionar este produto? _____

2 Agora, imagine que o personagem da canção acima faz faculdade pela internet e trabalha na agricultura mecanizada. Ele vai se casar e vai morar no campo.

- No caderno, escreva uma história sobre esse moderno habitante do meio rural. Conte sobre a casa onde vive, os meios de transporte e de comunicação que utiliza, entre outros. Leia seu texto para os colegas.

As novas tecnologias e o trabalho

Os avanços técnicos nos meios de comunicação e de transporte mudaram bastante nosso cotidiano. Hoje em dia podemos jogar *on-line* com um amigo, assistir a programas em outras línguas na televisão ou no computador, deslocar-nos rapidamente para outras cidades e países. Além disso, o desenvolvimento de novas tecnologias modifica nossa forma de aprender e de trabalhar no campo e na cidade.

Vamos ver algumas dessas mudanças no meio rural? Observe o anúncio de uma vaga de emprego. Muitas vagas de trabalho disponíveis hoje nas áreas rurais pedem um novo tipo de trabalhador. Nesse sentido, programas estão sendo criados para formar os trabalhadores rurais nos próprios locais de trabalho. Conheça um pouco do programa **Inclusão Digital**, oferecido pelo Serviço Nacional de Aprendizagem Rural (Senar):

> **CONTRATA-SE VETERINÁRIO** para criação e melhoramento de raças animais, teste e amostragem, em fazenda do Paraná. **Requisitos:** Superior completo em Veterinária/Inglês Intermediário/Experiência comprovada. **Benefícios:** Seguro de vida, seguro-saúde, seguro-dental e vale-transporte. Salário a combinar.

> O programa Inclusão Digital Rural abre oportunidades de crescimento a homens e mulheres do campo, com capacitações sobre o uso adequado e eficiente das novas tecnologias, do computador e da internet. [...] os cursos de inclusão digital ensinam noções básicas de informática, como criar um *e-mail* e como navegar no *site* do Sistema CNA/Senar, o Canal do Produtor, que traz, todos os dias, informações importantes para quem trabalha na área rural. [...]
>
> SENAR. Disponível em: <http://senar-pe.com.br/programas/programasinclusao-digital-rural/>. Acesso em: 17 jan. 2020.

1 Criem dois anúncios de jornal: um para uma vaga de trabalho na área rural e outro para uma vaga na área urbana, levando em consideração o desenvolvimento das novas tecnologias. Anote abaixo os anúncios do seu grupo.

Área rural	Área urbana

2 Converse com os colegas e o professor sobre novos empregos no campo. Com as novas tecnologias, o que poderia ser feito?

O trabalho na cidade e a tecnologia

Se o uso da tecnologia mudou o modo de vida de parte dos trabalhadores do campo brasileiro, o que dizer das mudanças ocorridas no dia a dia dos trabalhadores das cidades?

Grandes fábricas, **linhas de produção**, centenas de homens e mulheres trabalhando em turnos, dia e noite, acostumados a fazer a mesma tarefa.

linhas de produção: forma de produção industrial em série, na qual operários e máquinas realizam funções específicas e repetitivas, resultando na fabricação em massa de um produto.

1 Observe e compare as fotos de indústrias do setor automobilístico.

Linha de montagem de indústria automobilística em São Bernardo do Campo, no estado de São Paulo, 1958.

Linha de montagem de indústria automobilística em Jacareí, no estado de São Paulo, 2015.

a) Quanto tempo se passou entre essas fotos? _____

b) Essas fábricas estão localizadas em qual região do Brasil?

_____

c) Qual é a principal diferença no modo de produzir automóveis retratado nas fotos?

2 Atualmente, o setor de serviços também está passando por grande transformação. Há mudanças na forma de encaminhar as vendas e prestar serviços à população. Temos, por exemplo, as lojas virtuais, os aplicativos de compra e venda de produtos e serviços, entre outros. São alternativas para os mais diversos ramos de atividades.

• Em dupla, pesquisem serviços e comércios feitos de maneira virtual atualmente. Façam suas anotações no caderno e depois apresentem dois exemplos aos colegas.

A utilização de robôs

No passado, as pessoas sonhavam com robôs que as ajudariam nas atividades cansativas ou perigosas ou que poderiam ser amigos ou integrantes da família. Leia o texto a seguir para conhecer mais sobre o assunto.

> A robótica está cada vez mais presente em nossa realidade. Quase 254 mil robôs foram comprados pela indústria de todo o mundo apenas em 2015, segundo a Federação Internacional de Robótica (IFR, em inglês). De quatro a seis cirurgias robotizadas são feitas por semana em um hospital do Rio de Janeiro, que atende pelo Sistema Único de Saúde (SUS). As aplicações desse tipo de tecnologia só crescem e criam novas possibilidades em áreas tradicionais, como a educação.
>
> [...]
>
> Hoje, a indústria automotiva é a maior consumidora de robôs no mundo todo. [...]
>
> MAIA, Mateus. A era dos robôs: tecnologia amplia produtividade, transforma educação e salva vidas. **Agência CNI de Notícias**. Disponível em: <www.portaldaindustria.com.br/agenciacni/noticias/2017/02/a-era-dos-robos-tecnologia-amplia-produtividade-transforma-educacao-e-salva-vidas>. Acesso em: 17 jan. 2020.

1 Os robôs industriais têm, muitas vezes, a função de braços mecânicos, programados para realizar tarefas repetitivas. Antes de existirem, eram os seres humanos que faziam esse trabalho. Como você acredita que esses trabalhadores se sentiam? Eles eram valorizados?

_____

_____

2 Observe os dados da tabela e converse com os colegas e o professor.

Demanda anual por robôs industriais*		
Ano	Brasil	Mundo
2014	1 266	221 000
2015	1 407	254 000
2016	1 500	294 000
2017	1 800	381 000

* Quantidade de novas unidades compradas.
AGÊNCIA Brasil. Disponível em: <https://agencia-brasil.ebc.com.br/economia/noticia/2018-06/vendas-mundiais-de-robos-industriais-batem-recorde>. Acesso em: 17 jan. 2020.

a) O que vem acontecendo com o número de robôs industriais comprados no mundo nos últimos anos?

b) Apesar de o Brasil ainda ter uma participação pequena na quantidade mundial de robôs industriais, ela vem aumentando de acordo com os dados da tabela. Que impacto o aumento do número de robôs poderá causar nas indústrias brasileiras?

3 Os atuais robôs industriais podem ser grandes, médios ou pequenos. São usados para funções específicas em uma linha de montagem. Observe as fotos.

Robôs que fabricam carros na indústria automobilística precisam ter força. São José dos Pinhais, no estado do Paraná, 2016.

Robôs que aplicam solventes em peças na linha de montagem da indústria automobilística precisam ter precisão. Betim, no estado de Minas Gerais, 2018.

- Todos os robôs industriais que substituem o trabalho humano são iguais? Explique.

_____

_____

4 Observe atentamente onde estão concentrados os super-robôs usados na indústria.

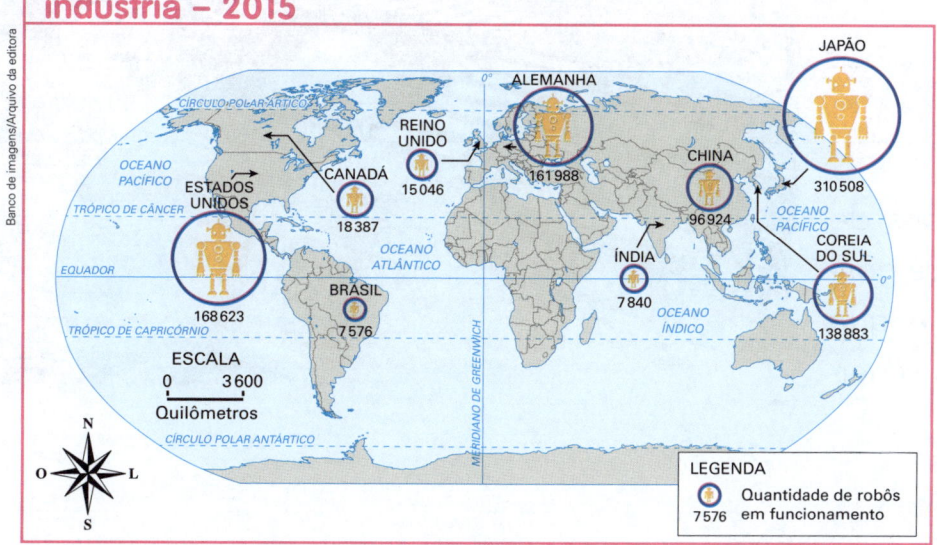

Mundo: países com maior número de super-robôs na indústria – 2015

Elaborado com base em: BANK of America Merril Lynch. **BofAML's Transforming World Atlas**, 2016. p. 37.

a) Qual é o país campeão no uso de robôs industriais?

b) Em quais regiões do planeta o uso de robôs industriais não é significativo?

c) Qual é a situação do Brasil entre os países representados?

Energia, transporte e comunicação

Energia

Observe os materiais que estão sobre a sua mesa agora. Você sabe como eles foram produzidos? Já parou para pensar em quais tipos de energia foram utilizados para transformar recursos naturais em objetos, alimentos, eletricidade, combustíveis?

Em todas as atividades os seres humanos utilizam energia: cozinhar, limpar a casa, iluminar as cidades, movimentar máquinas e aparelhos, fazer funcionar aviões, navios, trens, ônibus, carros, metrôs e até mesmo foguetes espaciais.

A primeira fonte de energia utilizada pelo ser humano foi o **fogo**, obtido da queima da madeira e do carvão vegetal. Depois, aprendemos a utilizar o **carvão mineral**, a **água**, o **petróleo**, o **Sol**, o **vento** e alguns **vegetais**, como a cana-de-açúcar, para gerar a energia de que precisamos para realizar nossas atividades diárias.

1. Indique duas atividades ilustradas ao lado que precisam de energia para funcionar.

2. Cite atividades de lazer que você gosta de fazer e que dependem de energia elétrica.

3. Escreva uma frase sobre o uso da energia elétrica na sua escola.

Saiba mais

A área ocupada pelas cidades pode ser observada à noite, como mostra a imagem de satélite da página 44, na qual podemos ver a iluminação das áreas urbanizadas do eixo Rio de Janeiro-São Paulo/Campinas. Essa visão só é possível por causa da energia elétrica.

Mas durante muitos séculos a humanidade passou as noites na escuridão. A pouca iluminação vinha das fogueiras e da queima de alguns óleos. Velas e lampiões pertencem a um passado não muito distante.

O uso da energia elétrica é recente em nossa história. As primeiras lâmpadas e os primeiros motores elétricos começaram a ser usados na segunda metade do século XIX. Desde então, não demorou muito para que uma grande parcela da população mundial pudesse utilizar essa forma de energia.

No Brasil, muitas pessoas idosas não tiveram acesso à energia elétrica quando eram crianças.

Iluminação pública que utiliza lâmpadas de LED na avenida Paralela, uma das principais vias de Salvador, no estado da Bahia, 2016.

Acendedor de lampião no Rio de Janeiro (RJ), fim do século XIX.

- Com a orientação do professor, faça uma entrevista com uma pessoa com mais de 70 anos ou que tenha vivido em um lugar sem energia elétrica. Pergunte ao entrevistado como as ruas eram iluminadas durante a noite em sua infância. Faça as anotações no caderno e depois apresente suas descobertas aos colegas.

Tecendo saberes

Como você estudou, existem várias fontes de energia: água, petróleo, carvão, óleo, bagaço de cana, gás natural, Sol, vento, marés, etc.

Observe a ilustração e as fotos e conheça algumas **fontes** e os **tipos de energia** mais utilizados no Brasil.

1. A **água** é a fonte de **energia hidrelétrica** mais usada no Brasil. As usinas hidrelétricas transformam a força da água em eletricidade.

Usina hidrelétrica no rio Uruguai, em Itá, no estado de Santa Catarina, 2016.

2. O **petróleo** é uma importante fonte de **energia termelétrica** no mundo atualmente. A gasolina e o óleo *diesel*, combustíveis usados em automóveis, caminhões, ônibus, trens e aviões, são derivados do petróleo. Esse tipo de energia provoca muita poluição.

Plataforma de petróleo em Niterói, no estado do Rio de Janeiro, 2014.

1 Quais fontes de energia apresentadas podem se esgotar?

_____

2 Quais fontes prejudicam menos o ambiente?

_____

3 Faça uma pesquisa sobre o uso de produtos derivados do petróleo no seu dia a dia. Faça suas anotações no caderno e depois apresente à turma.

3 O **vento** é a fonte de **energia eólica**. Ele faz girar enormes hélices que produzem energia. Esse sistema funciona apenas em locais onde há ventos fortes e frequentes.

Geração de energia eólica em Trairi, no estado do Ceará, 2015.

5 A **cana-de-açúcar** é uma importante fonte de **energia biológica** (biocombustível) no Brasil. Nas usinas, geralmente localizadas no campo, a cana-de-açúcar é transformada em álcool, que movimenta motores. Esse tipo de energia polui menos do que os derivados de petróleo.

4 O **Sol** é a fonte de **energia solar**. Os raios solares são captados pelos painéis, mais facilmente em lugares ensolarados o ano todo.

Painéis solares em Ouro Preto, no estado de Minas Gerais, 2015.

Colheita de cana-de-açúcar em Pinheiros, no estado do Espírito Santo, 2016.

123

A transformação da água em energia

Como você viu, as **usinas hidrelétricas** transformam a força da água em eletricidade. Você sabe como a energia elétrica chega até sua residência?

Observe na ilustração a seguir como isso acontece.

▶ Ilustrações sem escala, com cores fantasia.

Barragem
1. O primeiro passo é represar a água com a construção de uma barragem que interrompe o fluxo normal das águas do rio.

Reservatório ou lago artificial
2. A barragem permite o acúmulo de uma grande quantidade de água, formando o reservatório.

Turbina e gerador
3. A rotação da turbina com o gerador transforma a força da água em energia elétrica.

Linhas de transmissão
4. Para chegar a moradias e demais construções, a energia elétrica passa pelas linhas de transmissão, ou seja, por aqueles postes bem altos que se veem nas estradas.

Subestação abaixadora
5. Ela passa também pelas subestações, um lugar onde a alta voltagem da energia elétrica é diminuída.

Transformador
6. Para diminuir mais ainda a voltagem, a energia elétrica passa por um transformador.

Uso da energia
7. A energia que chega aos postes da rua é ligada aos fios das casas e dos prédios.

8. Aí, é só ligar o plugue na tomada e assistir à televisão, jogar *videogame*, fazer vitamina no liquidificador ou acender a luz no interruptor.

Elaborado com base em: COPEL. **O caminho da energia elétrica até a sua casa**. Disponível em: <www.copel.com/hpcopel/root/nivel2.jsp?endereco=%2Fhpcopel%2Froot%2Fpagcopel2.nsf%2Fdocs%2F2EE4A278A3D6D6ED032575D900423F5D>. Acesso em: 20 jan. 2020.

1 Quais outros usos de energia elétrica você conhece, além do uso doméstico?

2 De que forma você, como cidadão, pode ajudar na economia de energia elétrica? Dê exemplos.

As usinas hidrelétricas

Em alguns períodos a quantidade de água nos reservatórios das usinas hidrelétricas diminui muito por causa da falta de chuvas. As consequências para o abastecimento da população, para a indústria e para a agricultura podem ser muito graves.

Não é só a seca que pode alterar o funcionamento de uma usina hidrelétrica. Quando chove muito em um lugar, a população também pode enfrentar problemas.

1 Observe as fotos.

Seca na barragem de Jucazinho, em Surubim, no estado de Pernambuco, 2017.

Inundação em Ferreira Gomes, no estado do Amapá, provocada pela Usina Hidrelétrica Cachoeira Caldeirão, 2015.

a) A diminuição da quantidade de água nos reservatórios das hidrelétricas pode prejudicar o fornecimento de eletricidade para a população. Explique.

b) Em duplas, conversem sobre os problemas causados pelo excesso de chuva nas áreas próximas às usinas hidrelétricas. Apresentem suas conclusões à classe.

Minha coleção de palavras em Geografia

Como você estudou, a energia gerada nas usinas hidrelétricas é a mais utilizada no Brasil.

USINAS HIDRELÉTRICAS

1. O que é uma usina hidrelétrica? Descreva, com suas palavras, as etapas do processo de geração de energia a partir dessas usinas. Utilize a ilustração da página anterior como referência.

2. Cite dois exemplos de uso da energia elétrica no funcionamento da sua moradia.

2 Observe no mapa a localização das principais usinas hidrelétricas do Brasil.

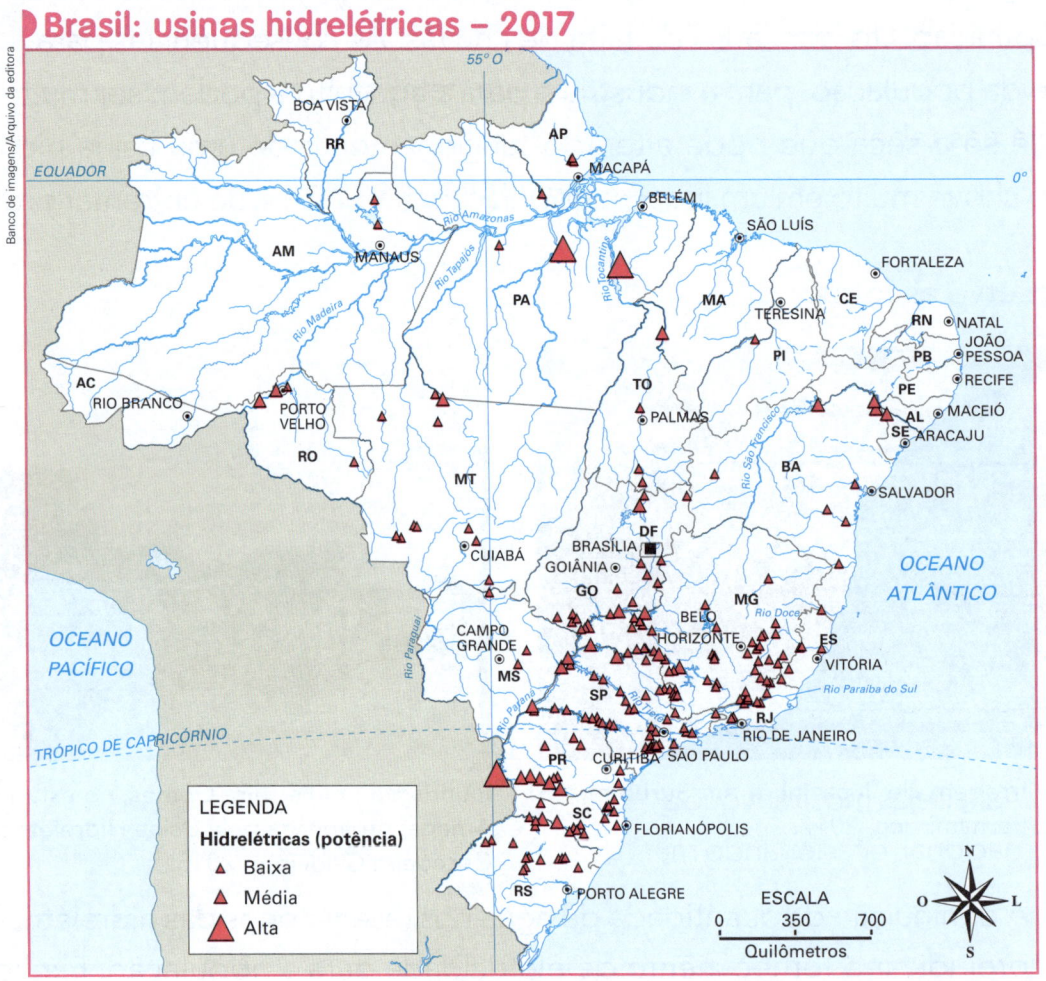

Mapa elaborado pela autora com base em: IBGE. **Atlas geográfico escolar**. 8. ed. Rio de Janeiro: IBGE, 2018. p. 139.

a) No mapa acima, pinte de **amarelo** o estado onde você mora.

b) Há usinas hidrelétricas no estado onde você mora? Em caso afirmativo, pesquise e anote o nome de uma.

_____

c) Pegue sua rosa dos ventos feita de papel vegetal e coloque-a no centro do mapa acima, sobre a cidade de Brasília. Em seguida, faça o que se pede.

- Pinte de **roxo** dois estados que possuem usinas hidrelétricas: um localizado no norte e outro no sul do país.

- Pinte de **rosa** dois estados que não possuem usinas hidrelétricas: um localizado no leste e outro no oeste do país.

d) Em quais regiões as usinas hidrelétricas estão concentradas? Por quê?

3 A disponibilidade de energia elétrica em todo o país permitiu melhorias nas atividades econômicas e trouxe mais conforto e qualidade de vida para a população. Um dos critérios que o IBGE usa para medir a qualidade de vida é a compra de eletrodomésticos (geladeira, televisão, etc.) pelas famílias.

Veja nas tabelas abaixo dados relacionados ao acesso à energia elétrica e ao consumo de eletrodomésticos (geladeira), por região brasileira.

Tabela 1. Regiões brasileiras: domicílios com energia elétrica

Região	Domicílios com energia elétrica	
	ano 2000	ano 2010
Norte	81%	93%
Nordeste	87%	97%
Centro-Oeste	95%	99%
Sudeste	98%	99%
Sul	98%	99%

Tabela 2. Regiões brasileiras: domicílios com geladeira

Região	Domicílios com geladeira	
	ano 2000	ano 2010
Norte	65%	83%
Nordeste	63%	86%
Centro-Oeste	85%	93%
Sudeste	93%	95%
Sul	91%	96%

Fontes das tabelas: IBGE. **Censo Demográfico 2000**: família e domicílios. Disponível em: <https://biblioteca.ibge.gov.br/visualizacao/periodicos/87/cd_2000_familias_domicilios_amostra.pdf>. Acesso em: 17 jan. 2020; IBGE. **Sinopse do Censo Demográfico 2010**. Disponível em: <https://censo2010.ibge.gov.br/sinopse/>. Acesso em: 17 jan. 2020; IBGE. **Atlas do Censo Demográfico 2010**. Rio de Janeiro: IBGE, 2013. p. 128.

a) As tabelas mostram que a energia elétrica está presente em quase todo o território nacional, ocasionando mudanças na vida das pessoas. Responda ao que se pede.

- Quais são as duas regiões que tiveram a maior mudança no abastecimento de energia elétrica entre 2000 e 2010? _____

- Qual é a região em que a população tinha a mais baixa porcentagem de geladeiras em 2000 e teve o maior crescimento em 2010? _____

- Quais são as duas regiões mais bem servidas pela energia elétrica e com maior porcentagem de geladeiras? _____

b) Converse com os colegas e o professor: Como você avalia o impacto do abastecimento de energia elétrica e da aquisição de geladeiras e outros eletrodomésticos na qualidade de vida das pessoas?

4 Agora, forme um grupo com outros colegas. Pesquisem informações sobre as fontes de energia apresentadas nas páginas 122 e 123.

a) Quais existem no estado onde vocês moram? Anotem no caderno.

b) Com a orientação do professor, criem com os outros grupos um mapa das fontes de energia do estado onde moram.

Transporte e comunicação

Principalmente no século XXI, é importante analisar a participação do avanço das tecnologias de comunicação e transporte no crescimento das cidades. Assim, devemos estar atentos para a rápida transformação na forma de nos comunicarmos e circularmos, para entender como as cidades crescem e se relacionam umas com as outras.

Para as mercadorias chegarem ao consumidor, o campo e a cidade devem estar ligados pelas **redes de circulação**, por onde passam os meios de transporte, e pelas **redes de comunicação**, por onde as pessoas trocam informações.

Vias de circulação são caminhos naturais, como os rios, ou caminhos construídos pelo ser humano, como as rodovias e as ferrovias. Elas facilitam o transporte de pessoas e mercadorias.

1 Observe as fotos a seguir e responda às questões.

Via Anhanguera, rodovia estadual paulista, em 1957.

Via Anhanguera na altura de Campinas, no estado de São Paulo, em 2014.

a) Quais são as principais mudanças ocorridas nas paisagens apresentadas?

_____

_____

b) O que permanece igual? _____

2 Antigamente, os meios de transporte mais utilizados eram o cavalo ou o carro de boi, que circulavam por estreitas estradas de terra. Eram necessárias muitas horas, e até dias, para realizar alguns percursos.

• Escreva o nome de dois meios de transporte modernos que fazem percursos em rodovias em menos tempo do que um carro de boi ou um cavalo.

_____

3 Observe nas fotos os principais meios de transporte usados no Brasil.

O transporte **rodoviário** é o mais utilizado no país. Carros, caminhões, ônibus e motocicletas integram essa modalidade de transporte. Na foto, rodovia em Campinas, no estado de São Paulo, 2019.

O transporte **ferroviário** é um dos mais econômicos. Porém, o Brasil apresenta uma malha ferroviária reduzida e, em geral, malconservada. Na foto, ferrovia em São Luís, no estado do Maranhão, 2019.

O transporte **aquático** pode ser marítimo (em oceanos e mares) ou hidroviário (nos rios). Na foto, barco no rio Capibaribe, no Recife, no estado de Pernambuco, 2019.

O transporte **aéreo** é o mais rápido, porém tem custo elevado. Na foto, avião sobrevoando o Rio de Janeiro, no estado do Rio de Janeiro, 2017.

a) Entre os meios de transporte apresentados, podemos indicar algum que é utilizado somente para o transporte de pessoas? _____

b) Qual deles é utilizado apenas para transporte de mercadorias? _____

c) Qual deles é o mais rápido? _____

d) Sobre o município onde você mora, responda ao que se pede.

- Qual é o meio de transporte mais utilizado pela população?
_____

- Qual é o meio de transporte mais utilizado para o transporte de mercadorias?
_____

Carro

Entre os transportes rodoviários, o carro é um dos mais utilizados no Brasil. O carro é um meio de transporte considerado **individual** porque transporta poucos passageiros quando comparado aos transportes coletivos.

1 Observe na planta um trajeto de carro pela avenida Brasil (em São Paulo, no estado de São Paulo) e alguns pontos de referência.

Início: Praça Portugal / Fim: Parque Ibirapuera

Elaborado com base em: **Google maps**, imagem de satélite de 2019.

- Com base na planta acima, anote quais são os pontos de referência do trajeto.

Ponto de referência	1	2	3	4	5
Lado direito					
Lado esquerdo					

2 Qual meio de transporte você utiliza para ir à escola?

Assim também aprendo

Leia a tirinha do Recruta Zero.

WALKER, Mort. Recruta Zero. **O Estado de S. Paulo**, São Paulo, ago. 1995.

O que aconteceria se o Recruta Zero virasse para a esquerda?

Ônibus

Além dos carros, as pessoas costumam usar os ônibus para se deslocar em muitas cidades brasileiras. O ônibus é um meio de transporte **coletivo**, ou seja, ele é de propriedade pública ou de uma empresa e transporta muitos passageiros de uma só vez.

Quando andamos de ônibus, é muito importante conhecer os pontos de referência ao longo dos trajetos, pois as pessoas se utilizam deles para saber se já estão perto do ponto onde devem descer.

1 Observe na planta o trajeto de um ônibus em Juiz de Fora, estado de Minas Gerais. Depois, anote no quadro os pontos de referência desse trajeto.

Ponto de referência	Lado direito	Lado esquerdo
1		
2		
3		
4		
5		

Elaborado com base em: PREFEITURA DE JUIZ DE FORA. Disponível em: <www.pjf.mg.gov.br/turismo/conheca/como_chegar.php>. Acesso em: 20 jan. 2020.

2 Você já andou de ônibus na cidade onde mora? Quais são os pontos de referência que você utiliza? _____

Metrô

Algumas cidades brasileiras possuem metrô, um tipo de transporte sobre trilhos, que leva muitos passageiros com rapidez, evitando os transtornos do trânsito e dos congestionamentos. Além disso, o metrô é um transporte que não polui o ar.

1 Observe na ilustração as linhas e estações de metrô de São Paulo em 2019. São Paulo é a cidade brasileira com maior rede metroviária.

Ilustração sem escala, com cores fantasia.

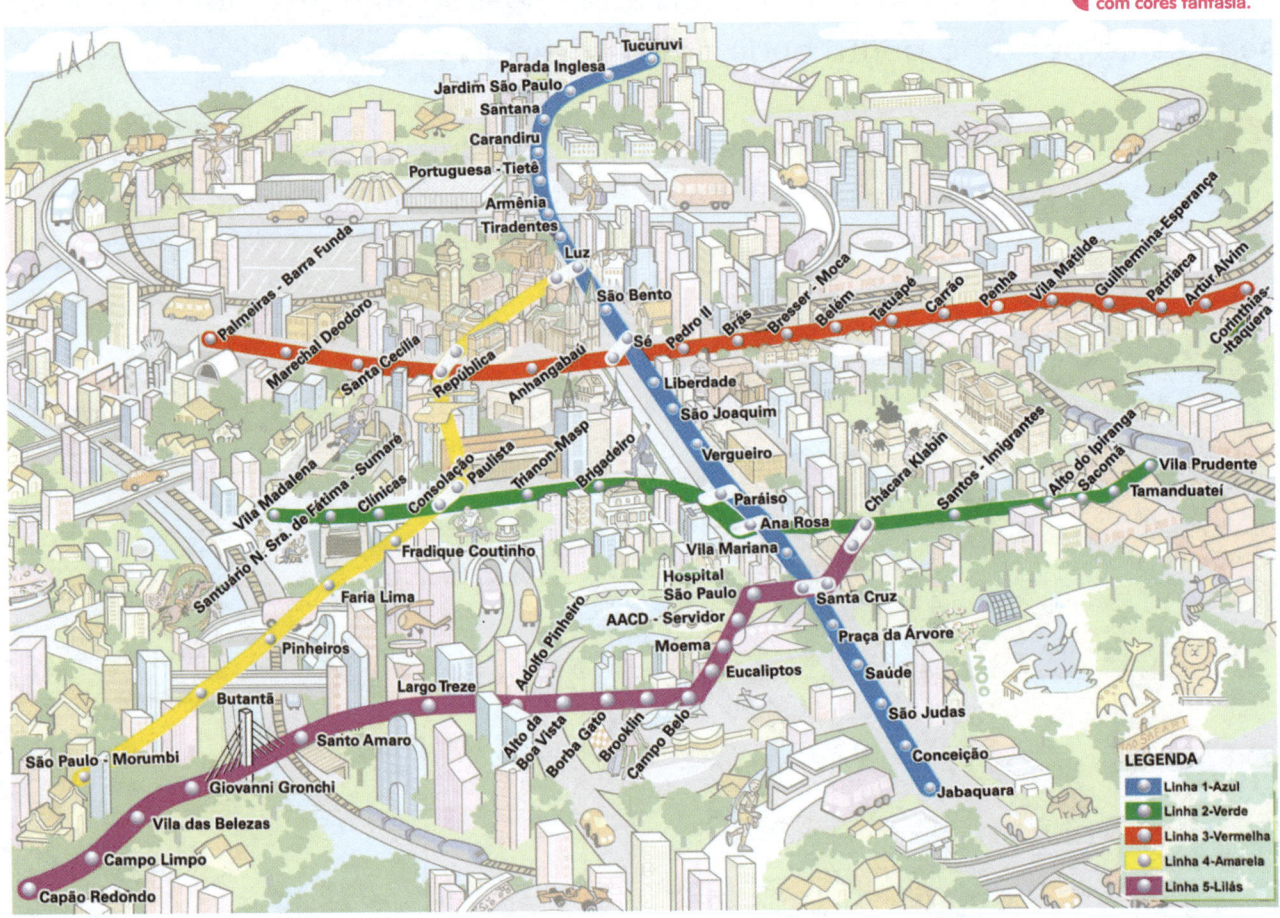

Elaborado com base em: METRÔ. **Mapa do Transporte Metropolitano**. Disponível em: <www.metro.sp.gov.br/pdf/mapa-da-rede-metro.pdf>. Acesso em: 20 jan. 2020.

- Imagine que você está na estação Palmeiras-Barra Funda e quer chegar à estação São Joaquim. Por quais linhas você vai circular? E por quais estações?

_____

_____

2 Aponte os aspectos positivos do metrô como meio de transporte.

_____

Barco

Existem diversos rios que podem ser usados como "estradas". Na região Amazônica, por exemplo, onde existem muitos rios, as águas são importantes vias de circulação. Pelas águas navegam embarcações que transportam pessoas, alimentos, remédios e mercadorias diversas.

Para se locomover nos rios, é necessário usar barcos ou balsas. Nesse caso, os pontos de referência no percurso podem ser árvores situadas às margens do rio, uma curva no rio, construções isoladas ou pequenas ilhas.

1 Observe o desenho.

NOGUEIRA, A. R. **Percepção e representação gráfica:** a "geograficidade" nos mapas mentais dos comandantes de embarcações no Amazonas. Manaus: Edua, 2014. (Capa.)

a) Indique pontos de referência que podem ser utilizados nesse trajeto.

_____

b) Anote o nome dos rios e o nome da cidade principal representados.

_____
_____

2 Você já utilizou um barco para ir de um lugar a outro? Em caso afirmativo, conte sua experiência aos colegas e ao professor.

As redes de comunicação

Além das redes de transporte, as **redes de comunicação** também integram as cidades e o campo a vários lugares do mundo.

Essas redes são formadas por meios de comunicação como jornais, revistas, rádio, televisão, telefone e internet.

Ao longo do tempo, os meios de comunicação se tornaram cada vez mais rápidos e eficientes.

> **Sugestão de...**
> **Livro**
> **Meu computador, a internet... e eu!**, de Jerome Colombain. São Paulo: Escala Educacional, 2008.

1 Observe as fotos.

Jornal.

Telefone.

Televisão.

Internet.

a) Qual desses meios de comunicação você usa para se comunicar com as pessoas? _____

b) Qual deles você usa para obter informações?

_____

2 Você conhece pessoas que moram longe, em outros estados ou países? Como você se comunica com elas?

3 Converse com seus colegas e o professor sobre os seguintes aspectos:

a) Como um morador da área rural obtém informações sobre a cidade? E como um morador da cidade obtém informações sobre o campo?

b) As formas de obter informação e de se comunicar mudaram com o passar dos anos? Explique.

Assim também aprendo

Atualmente temos acesso a tecnologias rápidas e eficientes de comunicação, mas também é interessante conhecer formas simples e divertidas de se comunicar.

Sugestão de...
Livro
Estêvão, o (des)conectado, de Vivian Saad. São Paulo: Hyria, 2015.

1. Leia a tira com atenção.

QUINO. **Toda Mafalda**.
São Paulo: Martins Fontes, 1993. p. 79.

- Mafalda e seus amigos são personagens que foram criados no século XX, quando a tecnologia de comunicação era muito diferente de como é hoje. Mas vamos imaginar que eles são crianças atuais. Qual meio de comunicação Filipe provavelmente usaria para conhecer tantas referências de fora do país?

2. Agora, leia a tira sobre uma brincadeira de Marina e Vítor. Quer saber como é essa brincadeira? O professor pode ensinar!

FOOT, Newton. História em quadrinhos produzida para esta coleção, 2014.

a) A que interferência Vítor se referiu no último quadrinho?

b) Você sabe o nome dessa brincadeira? Que tal brincar com os colegas?

O que estudamos

Eu escrevo e aprendo

Nesta atividade você vai utilizar a **linguagem escrita** para retomar o que estudou na unidade. Escreva abaixo uma frase sobre o que você estudou em cada capítulo.

Capítulo 5 – O crescimento das cidades

_____
_____
_____

Capítulo 6 – O trabalho e a tecnologia

_____
_____
_____

Minha coleção de palavras em Geografia

Em cada capítulo desta unidade há uma palavra destacada para a sua coleção de palavras em Geografia. São palavras comuns em textos de Geografia e vão ajudar você a compreender melhor todos eles. Reveja essas palavras ao lado.

TURISMO, página 109.

USINAS HIDRELÉTRICAS, página 125.

1. O que você aprendeu com essas duas palavras? Converse com os colegas e o professor.

2. Em um quadro no caderno, escreva essas palavras e o significado de cada uma delas. O significado deve estar relacionado ao que você aprendeu no capítulo.

Eu desenho e aprendo

Nesta atividade você vai utilizar a **linguagem gráfica** para retomar o que estudou na unidade. Desenhe abaixo o que você considerou mais importante em cada capítulo. Se preferir, faça uma colagem.

Capítulo 5 – O crescimento das cidades

Capítulo 6 – O trabalho e a tecnologia

Hora de organizar o que estudamos

Diferentes formas urbanas

- Linear.

Imagem de satélite de Dom Eliseu, no estado do Pará, 2017.

- Radial.

Elaborado com base em: PREFEITURA de São Paulo. **Mapa Digital da Cidade de São Paulo**. Disponível em: <http://geosampa.prefeitura.sp.gov.br/PaginasPublicas/_SBC.aspx#>. Acesso em: 17 jan. 2020.

- Tabuleiro de xadrez.

Imagem de satélite de Pelotas, no estado do Rio Grande do Sul, 2017.

Diferentes funções urbanas

- Industrial.
- Comercial e de serviços.
- Político-administrativa.
- Portuária.
- Turística.
- Outras.

Interações urbanas

Elaborado com base em: IBGE. **Arranjos populacionais e concentrações urbanas do Brasil**. Rio de Janeiro: IBGE, 2016. p. 154.

Principais tipos de energia utilizados no Brasil

- Energia hidrelétrica.
- Energia termelétrica.
- Energia solar.
- Energia eólica.
- Energia biológica.

Mudanças no trabalho com as novas tecnologias

Linha de montagem de indústria automobilística em São Bernardo do Campo, no estado de São Paulo, 1958.

Linha de montagem de indústria automobilística em Jacareí, no estado de São Paulo, 2015.

Principais meios de transporte no Brasil

- Rodoviário.

Rodovia em Campinas, no estado de São Paulo, 2019.

- Ferroviário.

Ferrovia em São Luís, no estado do Maranhão, 2019.

- Aquático.

Barco no rio Capibaribe, no Recife, no estado de Pernambuco, 2019.

- Aéreo.

Avião sobrevoando o Rio de Janeiro, no estado do Rio de Janeiro, 2017.

Principais meios de comunicação

- Tefefone.
- Jornal.
- Televisão.
- Internet.
- Rádio.
- Revista.

Para você refletir e conversar

- Qual assunto você achou mais importante nessa unidade? E qual achou mais difícil de entender?
- Onde você identifica o uso de tecnologia nas suas atividades do dia a dia?
- Será que o desenvolvimento da tecnologia trouxe apenas benefícios para a vida dos seres humanos? Explique sua resposta.

Unidade 4 — Ambiente e qualidade de vida

- O que as pessoas representadas na ilustração estão fazendo?
- Como é o ambiente em que elas estão?
- Em sua opinião, como o ambiente pode interferir na nossa qualidade de vida?

Capítulo 7

O ambiente e a sociedade

O que são recursos naturais? Por que eles são importantes para a nossa vida?

Para iniciar

Leia a letra de canção abaixo, sobre um importante recurso natural.

Planeta Água

Água que nasce na fonte serena do mundo
E que abre um profundo grotão
[...]
Águas escuras dos rios
Que levam a fertilidade ao Sertão
Águas que banham aldeias
E matam a sede da população
[...]
Água que o Sol evapora
Pro céu vai embora
Virar nuvens de algodão
Gotas de água da chuva
Alegre arco-íris sobre a plantação
Gotas de água da chuva
[...]
São as mesmas águas
que encharcam o chão
E sempre voltam humildes
Pro fundo da terra, pro fundo da terra

ARANTES, Guilherme. In: **Intimidade**.
Rio de Janeiro: Som Livre, 2006. 1 CD. Faixa 1.

1. A letra de canção cita algumas maneiras de utilizar a água. Quais são elas?

2. Cite outras formas de utilizar a água no seu dia a dia.

3. Além da água, quais outros recursos naturais são importantes para os seres humanos?

Sugestão de...
Vídeo
O ciclo da água. Agência Nacional de Águas (ANA). Disponível em: <www2.ana.gov.br/Paginas/imprensa/Video.aspx?id_video=83>. Acesso em: 21 jan. 2020.

Qualidade ambiental

A qualidade ambiental é um conjunto de condições que um ambiente oferece, em relação às necessidades de seus habitantes. É um fator determinante para uma boa qualidade de vida.

Um recurso natural muito importante para analisar a qualidade do ambiente é a água. Sem água não haveria vida na Terra. Você sabia que a maior parte da superfície terrestre é recoberta por água? Veja a ilustração ao lado.

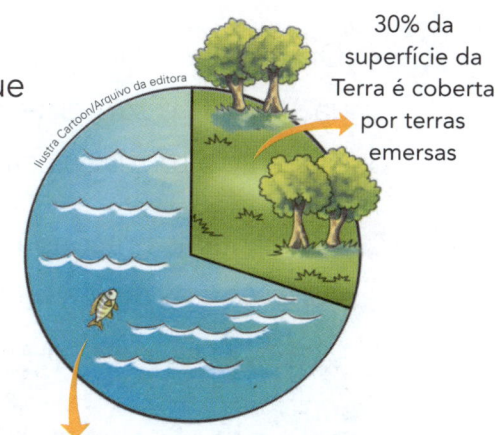

30% da superfície da Terra é coberta por terras emersas

70% da superfície da Terra é coberta por água dos oceanos, mares, rios e lagos

A água percorre um caminho na natureza. Esse caminho é chamado **ciclo da água** ou **ciclo hidrológico**. Observe a ilustração.

Ciclo da água

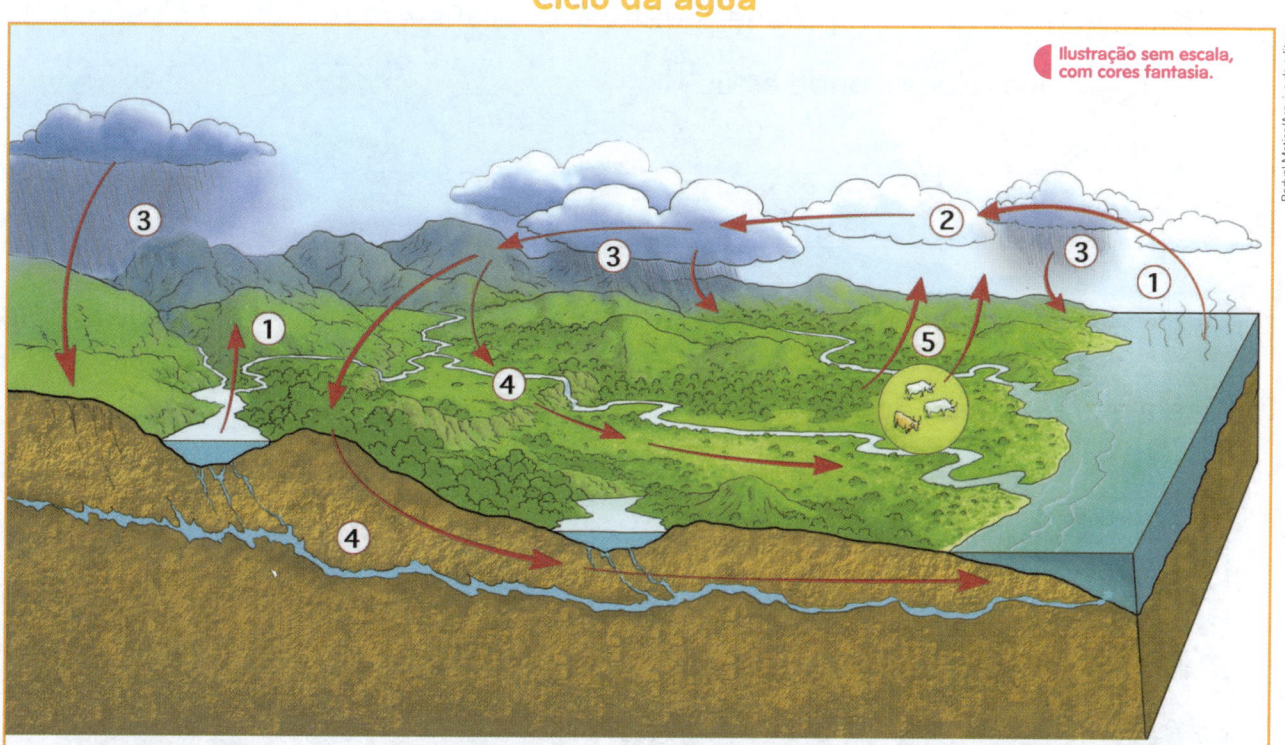

Ilustração sem escala, com cores fantasia.

Elaborado com base em: **A Terra**. São Paulo: Ática, 2005. p. 40. (Série Atlas Visuais).

1. **Evaporação**: a água da superfície terrestre (dos mares, oceanos, rios e lagos) transforma-se em vapor de água.
2. **Condensação**: o vapor de água forma as nuvens.
3. **Precipitação**: as gotículas de água que se agruparam nas nuvens caem em forma de chuva.
4. **Escoamento**: a água que cai pela precipitação escoa pela superfície, alimentando rios, lagos e lençóis subterrâneos.
5. **Respiração e transpiração**: os animais e as plantas fornecem água em forma de vapor para a atmosfera.

- Na letra da canção da página anterior, pinte, com cores diferentes, os versos que descrevem etapas do ciclo hidrológico. Depois, escreva o nome de cada etapa.

A água

De toda a água que existe na Terra, 97% correspondem à água salgada e somente 3% à água doce. Apenas 1% da água da superfície terrestre está disponível para o consumo humano.

> **Sugestão de... Vídeo**
> *A Avó Grilo – O mito da dona da água.*
> Denis Chapon, 2010.
> Duração: 12 min.

1 Veja nas ilustrações a seguir como estão distribuídas e onde se encontram as águas doces e as águas salgadas do nosso planeta. Depois, responda às perguntas.

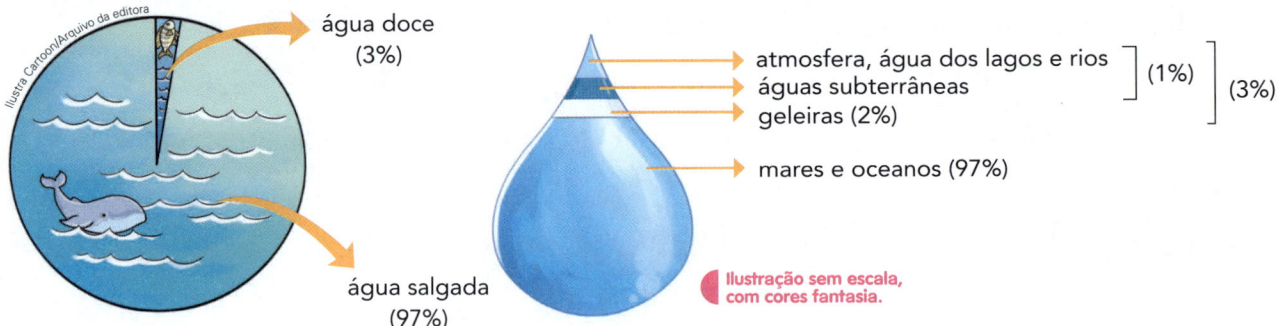

água doce (3%)
água salgada (97%)

atmosfera, água dos lagos e rios
águas subterrâneas] (1%)] (3%)
geleiras (2%)
mares e oceanos (97%)

Ilustração sem escala, com cores fantasia.

a) Onde se encontram as águas salgadas do planeta? _____

b) E as águas doces, onde estão? _____

_____

_____

Assim também aprendo

Leia a tira e faça o que se pede.

XAXADO

CEDRAZ, Antonio. Xaxado. **A Tarde**, Salvador, maio de 2005.

1. Observe novamente a ilustração do ciclo da água, na página 143, e responda: Por que Zé afirma ter água lá embaixo, bem no fundo, ou muito lá em cima?

2. Converse com o professor e os colegas: A água que está lá embaixo e a água que está lá em cima podem ficar poluídas?

2 Observe as imagens e responda às perguntas.

Rio Tietê, em Porto Feliz, no estado de São Paulo, 2020.

Igarapé do Educandos, em Manaus, no estado do Amazonas, 2019.

a) Qual das imagens retrata um ambiente com a qualidade ambiental ruim? Por quê?

_____

_____

b) Como esse problema pode afetar a qualidade de vida das pessoas?

_____

_____

Tecendo saberes

Frans Krajcberg (1921-2017) foi um artista que nasceu na Polônia, mas que aos 27 anos de idade se mudou para o Brasil. Foi escultor, pintor, gravador e fotógrafo e tinha como característica principal o uso de elementos da natureza em suas obras.

Leia o texto, que conta um pouco de seu trabalho.

[...] A partir de 1978, atua como ecologista, luta que assume caráter de denúncia em seus trabalhos: "Com minha obra, exprimo a consciência revoltada do planeta". Krajcberg viaja constantemente para a Amazônia e Mato Grosso, e registra por meio da fotografia os desmatamentos e queimadas em imagens dramáticas. Dessas viagens, retorna com troncos e raízes **calcinados**, que utiliza em suas esculturas. [...]

calcinados: extremamente secos pelo fogo ou pelo sol; torrados.

ENCICLOPÉDIA Itaú Cultural. Disponível em: <http://enciclopedia.itaucultural.org.br/pessoa10730/frans-krajcberg>. Acesso em: 21 jan. 2020.

Conheça algumas obras desse premiado artista nas imagens a seguir.

Folhas, de Frans Krajcberg, 2003 (litogravura de 50 cm × 42 cm).

Sem título, de Frans Krajcberg, sem data (escultura). Essa obra foi feita a partir de um tronco calcinado, mostrando a destruição do ambiente pelo ser humano.

Sem título, de Frans Krajcberg, sem data (fotografia colorida, 100 cm × 154 cm).

1 Quais são os principais problemas ambientais denunciados pelas obras de arte de Krajcberg?

_____

_____

2 Agora, inspire-se no trabalho do artista e crie duas gravuras, seguindo as orientações. Depois, cole as gravuras nos quadros correspondentes e dê um título a cada uma.

- Em um passeio pela escola ou arredores, pegue uma folha caída no chão. Observe seu formato, tamanho, cor e textura.
- De volta à sala de aula, escolha o lápis com a cor mais parecida com a da sua folha.
- Coloque a folha entre duas folhas de papel sulfite e decalque delicadamente para ver surgir a textura da folha natural.
- Finalize com a decoração que quiser.

- Leve para a escola uma casca de árvore já seca (pode ser de um galho). Observe seu formato, cor e textura.
- Escolha uma cor diferente da cor da casca e passe uma camada de guache sobre ela com um pincel ou rolo de pintar.
- Prense uma folha em branco de papel sulfite sobre a casca colorida. Aperte sem mexer e conte até cinco.
- Retire bem devagar e deixe secar.

Problemas ambientais

Poluição das águas

A água é um recurso natural essencial para os seres vivos, e a água potável é um atributo da boa qualidade ambiental. No entanto, grande parte das águas superficiais do planeta está poluída, e as águas subterrâneas estão correndo o mesmo perigo.

Essa **poluição** vem do acúmulo de lixo, do lançamento irregular de **esgoto** (doméstico e industrial), do garimpo, do uso de produtos químicos na mineração, na indústria e nas lavouras (agrotóxicos), entre outras causas.

No mapa ao lado podemos ver alguns dos principais rios brasileiros que estão poluídos.

- **esgoto:** resíduo líquido, o que sobra do uso da água em residências, indústrias, etc.
- **agrotóxicos:** materiais químicos usados como defensivos agrícolas. Servem para defender as plantações das pragas e aumentar a produção.

Brasil: poluição dos rios – 2017

Mapa elaborado pela autora com base em: IBGE. **Atlas geográfico escolar:** Ensino Fundamental do 6º ao 9º ano. 2. ed. Rio de Janeiro: IBGE, 2010. p. 45.

1 Algum rio poluído representado no mapa está localizado no estado onde você vive? Com o professor, anote o nome do rio e uma causa da poluição.

2 Quais são os principais motivos da poluição dos rios na região Sudeste?

Minha coleção de palavras em Geografia

Você estudou que a poluição atinge grande parte das águas dos rios e lagos do planeta.

POLUIÇÃO

1. Explique, com suas palavras, o que é poluição?

2. Quais tipos de poluição são mais comuns no bairro onde você vive?

Poluição por efluentes líquidos e derramamento de petróleo

Uma das principais causas da poluição das águas no mundo todo é o despejo incorreto dos **efluentes líquidos** das casas e das fábricas em rios e mares.

Efluentes líquidos domésticos são todos os resíduos das atividades que realizamos em nosso dia a dia, como a água usada no banho, para lavar a roupa, entre outros usos.

Os efluentes líquidos industriais, por sua vez, correspondem às sobras dos processos das fábricas. Eles têm características próprias, de acordo com cada ramo da indústria, e podem contaminar as águas e os solos.

Para ser devolvido à natureza, cada tipo de efluente tem uma forma correta de ser descartado, que deve obedecer às leis estaduais e municipais.

> **Sugestão de... Livro**
> **Um dia, um rio**, de Leo Cunha e André Neves. São Paulo: Pulo do Gato, 2016.

1 Observe a tabela com atenção e converse com o professor sobre as diferenças no acesso ao esgoto coletado no Brasil.

- Quais são as duas regiões com a situação mais crítica?

Atendimento com rede de coleta de esgotos – 2018	
Regiões brasileiras	Porcentagem de esgoto coletado
Norte	10%
Nordeste	28%
Centro-Oeste	53%
Sudeste	79%
Sul	45%
Brasil	53%

BRASIL. Ministério do Desenvolvimento Regional. Secretaria Nacional de Saneamento. Sistema Nacional de Informações sobre Saneamento: 24º Diagnóstico dos Serviços de Água e Esgotos – 2018. Brasília, 2019. p. 58.

2 Observe o cartum com atenção. Converse com os colegas e o professor sobre seu significado.

SANTOS, Déborah. 1ª Mostra Internacional de Humor sobre Educação Ambiental. In: **VI Encontro e diálogos com a educação ambiental** (2012). Disponível em: <http://cpeasul.blogspot.com.br/search/label/Mostra%20de%20Humor%20sobre%20Educa%C3%A7%C3%A3o%20Ambiental>. Acesso em: 21 jan. 2020.

3 Além da poluição por efluentes líquidos, a contaminação dos mares pode ocorrer por derramamentos de petróleo, fenômeno conhecido como "maré negra". Leia o texto e observe o mapa.

> A poluição por petróleo e seus derivados, em ambientes marinhos, tem sido um dos principais problemas ambientais das últimas décadas.
>
> [...]
>
> No Brasil, em março de 1975, um acidente rompeu o casco do navio-tanque [...] no canal central de navegação da baía de Guanabara. Várias praias foram atingidas nas cidades do Rio de Janeiro e de Niterói, tanto no interior da baía quanto na costa oceânica. O óleo provocou incêndios em áreas de manguezal, em torno da baía, e a contaminação afetou seriamente as comunidades animais da zona entremarés. [...]
>
> CRAPEZ, Mirian A. C. et al. Biorremediação. Tratamento para derrames de petróleo. **Ciência Hoje**, v. 30, n. 179, 2002. p. 32 e 34. Disponível em: <www.educacaopublica.rj.gov.br/jornal/materias/0395_biorremediacao.pdf>. Acesso em: 21 jan. 2020.

Mundo: maiores derramamentos de petróleo – desde 1967

Elaborado com base em: INTERNATIONAL Tanker Owners Pollution Federation. **Oil tanker spill statistics 2016**. London, 2017. Disponível em: <www.itopf.com/knowledge-resources/data-statistics/statistics/>. Acesso em: 21 jan. 2020.

- Segundo o mapa, em que parte do mundo ocorreram mais vazamentos de petróleo?

4 Forme grupos com os colegas e, com a orientação do professor, façam uma pesquisa sobre as "marés negras", procurando responder às perguntas abaixo. Elaborem um cartaz com o resultado da pesquisa e apresentem à turma.

- O que são "marés negras"?
- Como elas acontecem?
- Quais são os riscos para os animais atingidos?
- Como os habitantes da região são atingidos?

Outros problemas ambientais

Além da poluição das águas, outros problemas ambientais colocam em risco a conservação da natureza e a qualidade de vida da população no presente e no futuro.

Os cientistas têm observado que, nos dois últimos séculos, a temperatura média da atmosfera do planeta aumentou.

Muitos cientistas apontam que a causa dessa elevação está relacionada à liberação de gases poluentes na atmosfera, vindos, em grande parte, da queima de **combustíveis fósseis** como o petróleo e o gás natural. Esse fenômeno recebe o nome de **aquecimento global**. Observe a ilustração.

Ilustração sem escala, com cores fantasia.

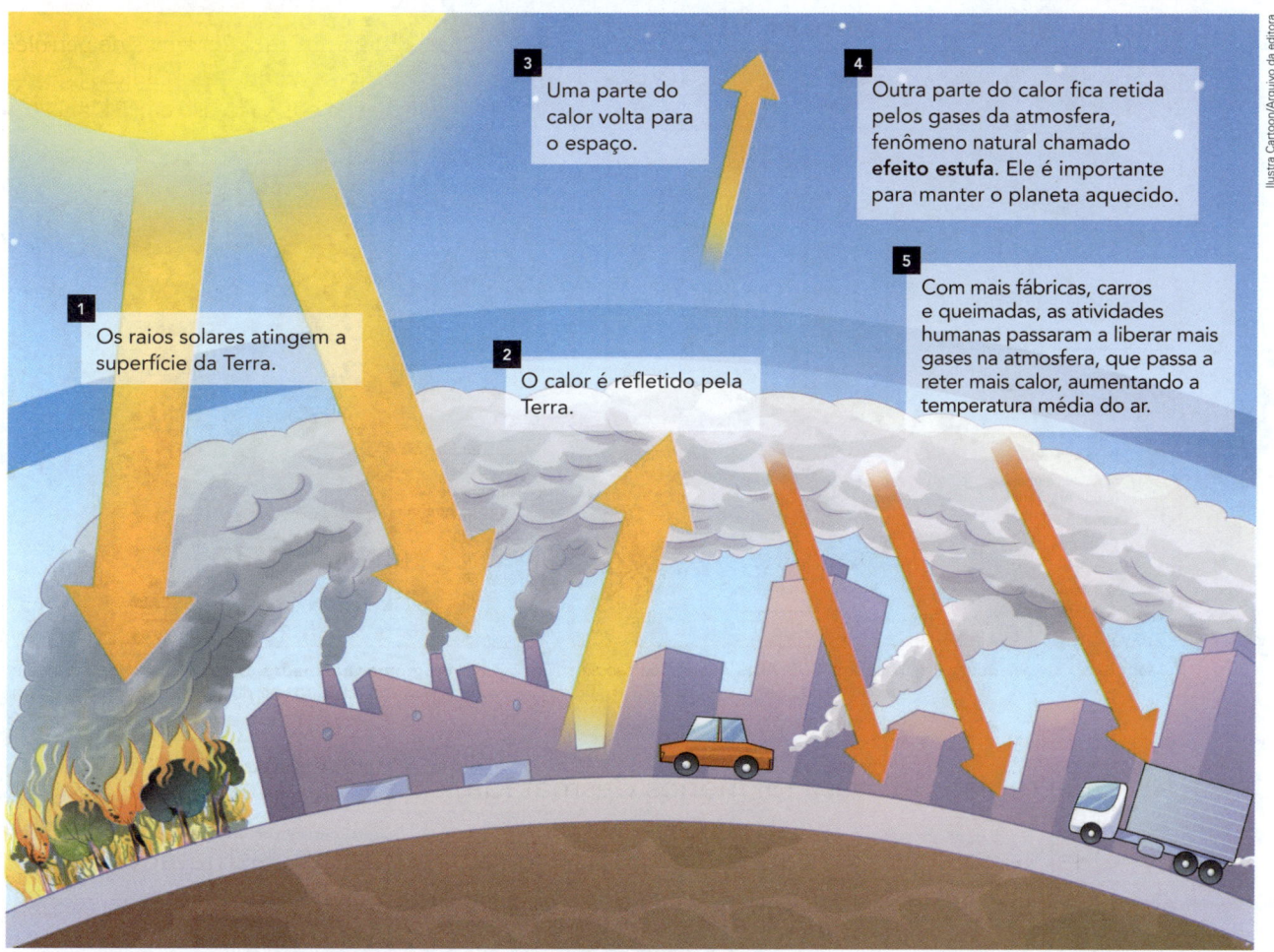

Outros cientistas preferem ter cautela e acreditam que ainda é cedo para dizer que o modo de vida moderno é o único responsável pelo aumento da temperatura da atmosfera. Eles afirmam que essas alterações são um fenômeno natural na história da Terra, visto que nosso planeta já passou por períodos de **glaciação**, quando a temperatura média da atmosfera foi muito mais baixa.

glaciação: ação exercida pelas geleiras na superfície terrestre. Período de frio intenso, que provocou o aumento das geleiras.

O **desmatamento** (retirada da vegetação) e as **queimadas** (incêndios em áreas com vegetação) são outros problemas ambientais, muito frequentes no Brasil atualmente.

As queimadas podem ocorrer espontaneamente ou ser intencionalmente provocadas. As queimadas intencionais são usadas para desmatar rapidamente uma área e preparar o solo para plantações e pastagens. Elas contribuem para o aumento de gases poluentes na atmosfera.

1 Observe e compare os mapas abaixo.

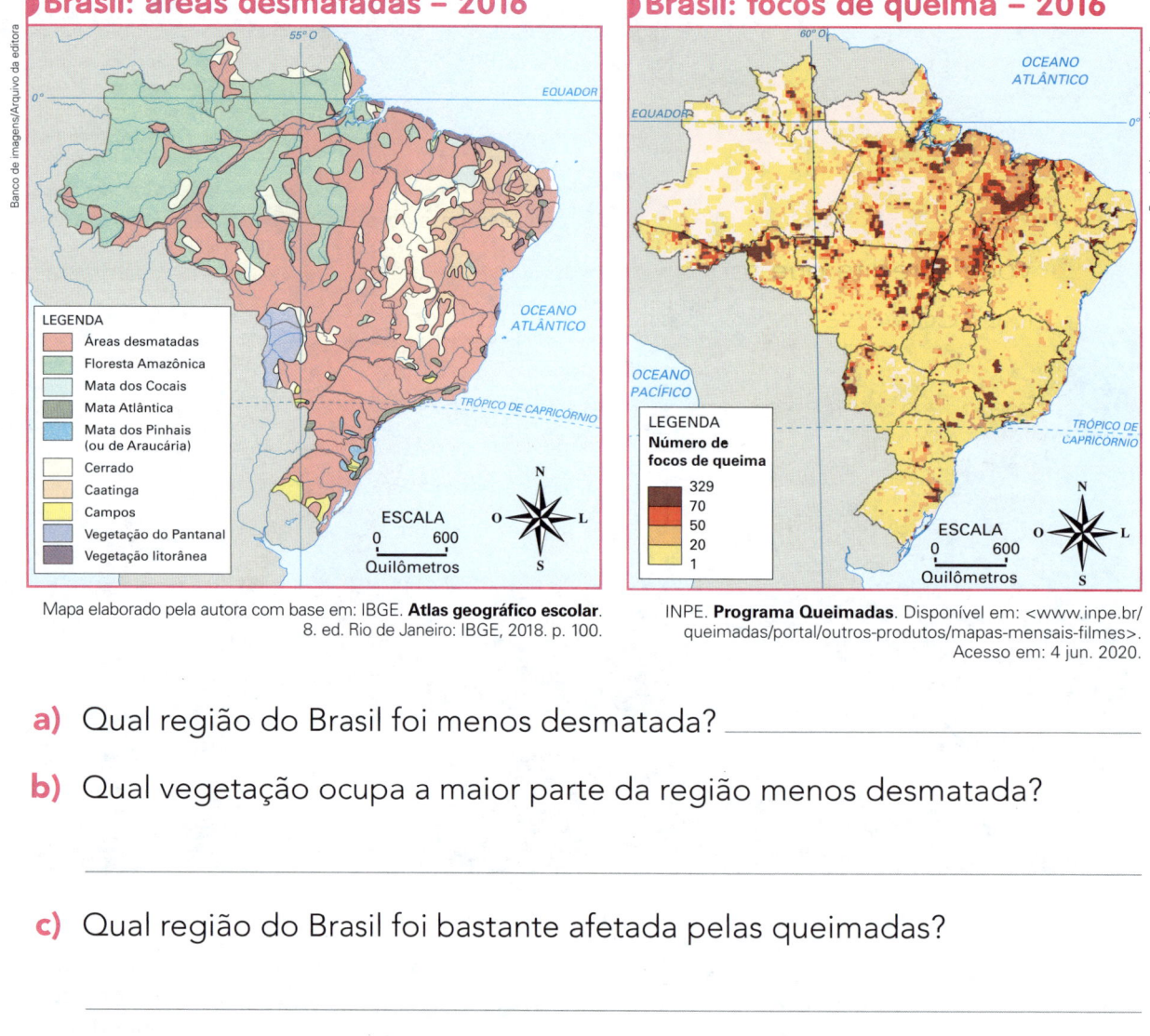

Mapa elaborado pela autora com base em: IBGE. **Atlas geográfico escolar**. 8. ed. Rio de Janeiro: IBGE, 2018. p. 100.

INPE. **Programa Queimadas**. Disponível em: <www.inpe.br/queimadas/portal/outros-produtos/mapas-mensais-filmes>. Acesso em: 4 jun. 2020.

a) Qual região do Brasil foi menos desmatada? _____

b) Qual vegetação ocupa a maior parte da região menos desmatada?

_____

c) Qual região do Brasil foi bastante afetada pelas queimadas?

_____

d) No estado em que você vive ocorrem queimadas e desmatamento? Em caso positivo, por que você acha que isso acontece?

2 O que podemos fazer para evitar ou minimizar o aquecimento global?

3 O descarte do lixo também é um problema ambiental enfrentado pela sociedade atualmente. O aumento do consumo de eletrodomésticos, roupas, comidas, brinquedos, entre outros itens, vem provocando o aumento da quantidade de lixo no mundo todo. Veja as informações da ilustração.

Ilustração sem escala, com cores fantasia.

31 kg | 1 kg por dia | 30 kg por mês

Cada brasileiro gera aproximadamente um quilo de lixo por dia. Em um mês, serão mais ou menos 30 quilos, o equivalente ao peso de uma criança de 10 anos.

- Você acredita que todos os brasileiros produzem a mesma quantidade de lixo? Converse com os colegas e o professor sobre o assunto.

4 Sobre o lixo produzido em sua casa, faça as pesquisas a seguir.

a) Descubra o percurso realizado pelo lixo desde quando é coletado em sua casa até o destino final. No caderno, escreva um parágrafo narrando esse percurso.

b) Descubra quem são os profissionais que trabalham na coleta de lixo e suas condições de trabalho. Faça suas anotações no caderno e depois compartilhe com os colegas.

5 Leia o texto abaixo e, depois, responda às questões.

Coleta seletiva: é a atividade de separar o lixo, para que ele seja enviado para reciclagem.

Reciclagem: é uma atividade – na maior parte dos casos, industrial – que transforma os materiais já usados em outros produtos que podem ser comercializados. [...]

INSTITUTO GEA. Disponível em: <www.institutogea.org.br/lixo/coleta-seletiva/>. Acesso em: 21 jan. 2020.

a) A coleta seletiva e a reciclagem são possíveis soluções para o aumento da quantidade de lixo? Explique.

b) Existe esse serviço na cidade onde você mora? Converse com os colegas.

Outros tipos de poluição

São diversas e perigosas as **formas de poluição**. A poluição prejudica o ambiente e compromete a qualidade de vida dos seres vivos. Veja os exemplos abaixo.

Poluição do solo

Causada, entre outros fatores, pela aplicação de produtos químicos, como pesticidas e fertilizantes, nas plantações, com o objetivo de aumentar a produtividade.

Plantação de hortaliças em Nova Friburgo (RJ), 2015.

Possível solução

Poluição do ar

Ocorre quando gases tóxicos alcançam a atmosfera. Esses gases podem vir da queima do combustível dos veículos e das fábricas, entre outras fontes.

Bairro da Bela Vista, no município de São Paulo (SP), 2017.

Possível solução

Poluição sonora

Acontece quando há excesso de sons e ruídos no ambiente, colocando em risco a audição das pessoas e gerando problemas como estresse e cansaço. Costuma ocorrer em grandes centros urbanos.

Rua da Constituição, no centro do município do Rio de Janeiro (RJ), 2015.

Possível solução

Poluição visual

Ocorre quando há muitas imagens, cores ou palavras utilizadas em propagandas, cartazes e luminosos. Esse excesso de elementos visuais perturba a compreensão da paisagem, causando desconforto e estresse. Costuma ser frequente nos centros urbanos.

Rua São Pedro, em Juazeiro do Norte (CE), 2015.

Possível solução

1. Complete os quadros com explicações, desenhos ou colagens, indicando uma solução que poderia melhorar os problemas apresentados.

2. Organizem-se em grupos e façam um levantamento, na região onde vocês moram, dos tipos de poluição mais presentes e que geram maiores problemas ambientais. Se possível, conversem com a população local sobre o assunto. Depois, registrem em um cartaz os principais problemas encontrados e as possíveis soluções. Apresentem o resultado da pesquisa à classe.

Repensar o consumo

Para reduzirmos os impactos no ambiente gerados pelo consumo, podemos nos inspirar nos cinco Rs: **reciclar**, **repensar**, **reaproveitar**, **recusar** e **reduzir**.

Mas atenção: O primeiro passo para combater o excesso de lixo é combater o excesso de consumo. Leia os textos e observe as ilustrações.

Reduzir a quantidade de produtos que compramos e que descartamos.

Recusar produtos feitos com elementos que fazem mal à saúde e à natureza.

Reaproveitar um objeto usado.

Repensar a necessidade daquilo que queremos comprar.

Reciclar o lixo, transformando o material já usado em outros produtos.

1 Aponte uma ação que você e seus familiares costumam colocar em prática para combater o excesso de lixo e de consumo.

2 Pense no seu dia a dia. Aponte exemplos de ações para você diminuir o lixo da sua casa ou da sua escola e colocar em prática os cinco Rs.

RECICLAR

___

___

___

REPENSAR

___

___

___

REAPROVEITAR

___

___

___

RECUSAR

___

___

___

REDUZIR

___

___

___

Saiba mais

Todos os habitantes do planeta são responsáveis pela conservação da natureza. Porém, os recursos naturais são utilizados de forma bem diferente pelas pessoas de cada país.

Para calcular a quantidade de recursos naturais que cada ser humano consome para manter seu modo de vida, pesquisadores criaram uma medida que recebeu o nome de **pegada ecológica**.

É como se todas as atividades do cotidiano deixassem uma marca no ambiente, como uma pegada, que revela a forma como utilizamos os recursos naturais.

1. Observe o mapa com os valores da pegada ecológica para os diferentes países no mundo. Veja que os países pintados com tons mais escuros são aqueles nos quais a população consome mais recursos da natureza.

Mundo: pegada ecológica – 2016

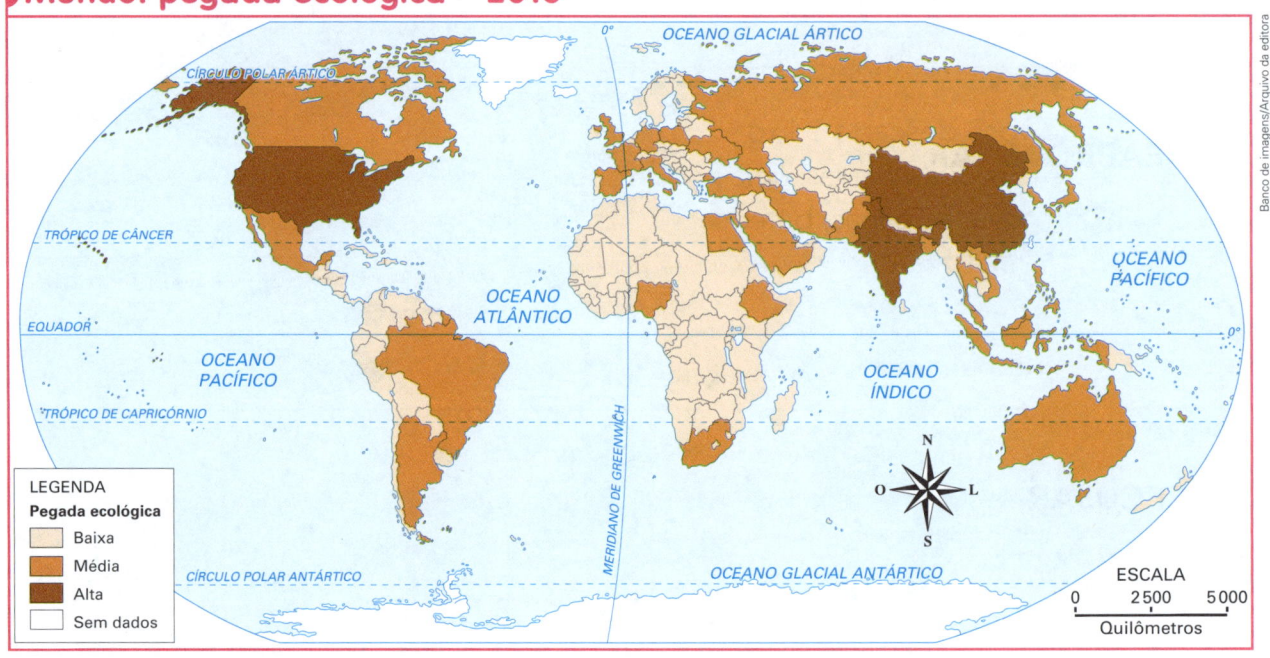

Elaborado com base em: GLOBAL Footprint Network. Disponível em: <www.footprintnetwork.org/content/documents/ecological_footprint_nations/ecological.html>. Acesso em: 21 jan. 2020.

a) Quais são os países que apresentam maior pegada ecológica? O que podemos dizer sobre a população desses países? Consulte o mapa da página 58.

b) Qual é a situação do Brasil em relação ao consumo de recursos naturais? Cite dois países que consomem mais recursos que o Brasil e dois países que consomem menos recursos.

2. Qual é a sua pegada ecológica? Você já imaginou a quantidade de recursos naturais que você consome diariamente? Há algumas formas de fazer essa contagem. A seguir, vamos conhecer uma bem simples.

   a) Marque um **X** na alternativa que mais se aproxima dos seus hábitos.

   - Com que frequência você come carne vermelha? (um bife pequeno)
     - ☐ 🐾 Em ocasiões especiais, aproximadamente uma vez por semana.
     - ☐ 🐾🐾 Como três vezes por semana, normalmente.
     - ☐ 🐾🐾🐾 Como carne vermelha, no mínimo, uma vez por dia.

   - De onde vêm os alimentos que você consome?
     - ☐ 🐾 De minha horta e do pomar de casa, de lojas de produtos orgânicos, ou feiras e quitandas do bairro.
     - ☐ 🐾🐾 Normalmente de supermercados, e poucas vezes de feiras e quitandas.
     - ☐ 🐾🐾🐾 Minha família sempre compra alimentos industrializados.

   - Quantas vezes por ano você compra roupas, tênis, bonés ou mochilas novas?
     - ☐ 🐾 Uma vez por ano.
     - ☐ 🐾🐾 Duas vezes por ano.
     - ☐ 🐾🐾🐾 Três vezes ou mais por ano.

   - Como você descarta o lixo produzido em sua casa?
     - ☐ 🐾 Em duas lixeiras, uma para recicláveis e outra para não recicláveis. Tento levar as pilhas, baterias e lâmpadas a postos de recolhimento.
     - ☐ 🐾🐾 Em uma única lixeira, pois não existe coleta seletiva no meu bairro/cidade.
     - ☐ 🐾🐾🐾 Não sei nem onde fica a lixeira da minha casa.

   - Que meio de transporte você usa com mais frequência?
     - ☐ 🐾 Bicicleta ou normalmente me locomovo a pé.
     - ☐ 🐾🐾 Transporte coletivo (ônibus, trem, metrô, balsa).
     - ☐ 🐾🐾🐾 Minha família e eu vamos a qualquer lugar de carro.

   b) Agora conte e anote o total de símbolos que você marcou em cada item.

   ☐ 🐾   ☐ 🐾🐾   ☐ 🐾🐾🐾

   c) Veja o símbolo marcado mais vezes e o que ele fala sobre a sua pegada ecológica.

   🐾 **Pegada bacana** – É isso aí! Os seus hábitos ajudam a cuidar da natureza e evitar o desperdício de recursos naturais. Continue nesse caminho!

   🐾🐾 **Pegada moderada** – No caminho certo... você precisa rever um pouco seu estilo de vida. Tente modificar um hábito por vez.

   🐾🐾🐾 **Pegada larga** – Cuidado! Você está vivendo de forma insustentável para o planeta, utilizando mais recursos que o necessário. Repense seus hábitos!

   Elaborado com base em: SCARPA, Fabiano; SOARES, Ana Paula. **Pegada ecológica:** qual é a sua? São José dos Campos: INPE, 2012. Disponível em: <www.inpe.br/noticias/arquivos/pdf/Cartilha%20-%20 Pegada%20Ecologica%20-%20web.pdf>. Acesso em: 21 jan. 2020.

Capítulo 8

Quem cuida do nosso ambiente?

Você se preocupa com a qualidade do ambiente em que vive? O que você faz em relação a isso?

Para iniciar

Leia o texto a seguir.

O menino tinha certeza
de que havia nascido
no dia em que viu o rio.
Na sua memória
não havia nada antes daquele dia.
O menino amou o rio
pois acreditou que o rio
havia também nascido
no dia em que ele o viu.
O menino olhava o rio: o rio era seu irmão.
[...]

ZIRALDO: **Menino do rio doce**. São Paulo: Companhia das Letrinhas, 1996.

1. Em sua opinião, o que significam estes versos?

   O menino tinha certeza
   de que havia nascido
   no dia em que viu o rio.
   Na sua memória
   não havia nada antes daquele dia.

2. Você já teve uma experiência parecida? Com qual elemento da natureza?

3. O que precisamos fazer para que as crianças do futuro também possam ter um contato próximo com a natureza?

Em busca de soluções

O Instituto Brasileiro do Meio Ambiente e dos Recursos Naturais Renováveis (Ibama) é um órgão público que atua principalmente no monitoramento de problemas ambientais, na execução de programas de educação ambiental e no controle do uso dos recursos naturais.

O Ibama e o Serviço Florestal Brasileiro (SFB) são responsáveis por criar e monitorar áreas de preservação ambiental, como as Unidades de Conservação (UCs). Nas UCs as áreas naturais são protegidas do desmatamento, da caça e da pesca ilegais e de atividades nocivas à natureza, como a mineração. O objetivo é usar seus recursos de forma responsável, preservar a diversidade das espécies e proteger povos indígenas e **comunidades tradicionais** que dependem dessas áreas.

Há dois grupos de Unidades de Conservação (UC):

- **UC de Proteção Integral**: áreas totalmente protegidas, sem permissão para uso dos recursos naturais, somente em casos especiais e autorizados pelo Ibama.

- **UC de Uso Sustentável**: áreas com permissão para uso consciente dos recursos naturais. São permitidos projetos de educação ambiental e visitação turística restrita. Observe o mapa ao lado.

• **comunidades tradicionais:** grupos culturalmente diferenciados e que se reconhecem como tais [...], que ocupam e usam territórios e recursos naturais como condição para sua reprodução cultural, social, [...], utilizando conhecimentos [...] gerados e transmitidos pela tradição. (Decreto Federal nº 6040 de 7 de fev. de 2007.)

Brasil: Terras Indígenas e Unidades de Conservação – 2017

Elaborado com base em: MMA (2014); FUNAI (2017). Disponível em: <www.florestal.gov.br/snif/recursos-florestais/sistema-nacional-de-unidades-de-conservacao?print=1&tmpl=component>. Acesso em: 10 jan. 2020.

1 Identifique no mapa a região que possui mais áreas com Unidades de Conservação.

2 Consulte o mapa da página 152 e indique qual tipo de vegetação está sendo conservada nessa região. Você identifica alguma relação entre as áreas com vegetação conservada, as Terras Indígenas e as Unidades de Conservação?

Um exemplo de Unidade de Conservação de Uso Sustentável

Entre as Unidades de Conservação de Uso Sustentável existem as **Reservas Extrativistas (Resex)**, áreas reservadas que garantem às comunidades tradicionais manter seu modo de vida, com o usufruto da terra.

Seringueiros, caiçaras, castanheiros e ribeirinhos são exemplos de comunidades tradicionais cuja principal atividade é o extrativismo. Os seringueiros extraem o látex (líquido de uma árvore que se chama seringueira), os caiçaras são pescadores do litoral brasileiro, os castanheiros buscam vários tipos de castanhas, como a castanha-do-pará, e os ribeirinhos pescam peixes e crustáceos dos rios.

Assim, as comunidades tradicionais têm condições de trabalhar na agricultura de subsistência, no extrativismo e na criação de animais de pequeno porte utilizando os recursos naturais de maneira cuidadosa e consciente. A criação das Resexs tem como objetivos principais manter os meios de vida e cultura dessas comunidades e assegurar o uso sustentável dos recursos naturais.

Quem cuida das Reservas Extrativistas brasileiras é o Instituto Chico Mendes de Conservação da Biodiversidade (ICMBio), que é vinculado ao Ministério do Meio Ambiente.

Vista de comunidade na ilha dos Lençóis, do arquipélago de Maiaú, pertencente à Reserva Extrativista de Cururupu, em Cururupu, no estado do Maranhão, 2019.

1 Há Unidades de Conservação no estado onde você mora? Alguma delas é aberta à visitação?

2 Observe o mapa das Reservas Extrativistas no Brasil, com algumas delas nomeadas. Depois, faça as pesquisas indicadas abaixo.

Brasil: Reservas Extrativistas (Resex) – 2015

Mapa elaborado pela autora com base em: INSTITUTO Socioambiental (ISA). Disponível em: <https://uc.socioambiental.org/uso-sustentável/reserva-extrativista>. Acesso em: 10 jan. 2020.

a) Formem cinco grupos na classe. Cada grupo vai pesquisar uma reserva extrativista de uma região brasileira destacada no mapa acima. Anotem no caderno as informações pesquisadas e, em dia combinado com o professor, compartilhem com os outros colegas.
Escrevam abaixo as principais atividades desenvolvidas em cada reserva.

- Região Norte (Resex Arapixi): estado do Amazonas.

_____

- Região Nordeste (Resex Mata Grande): estado do Maranhão.

_____

- Região Sudeste (Resex do Mandira): estado de São Paulo.

_____

- Região Sul (Resex Marinha do Pirajubaé): estado de Santa Catarina.

_____

- Região Centro-Oeste (Resex Lago do Cedro): estado de Goiás.

_____

b) No mapa da página anterior, observamos a Resex Chico Mendes, no estado do Acre, em destaque. As principais atividades da região são a extração do látex da seringueira e a coleta de castanhas.

Agora, vocês serão jornalistas. Pesquisem, em duplas, a história do **ambientalista** Chico Mendes e escrevam uma reportagem sobre o que vocês pesquisaram. Adicionem em sua reportagem fotos da região onde ele vivia ou de passagens importantes na vida desse brasileiro. Registre algumas informações abaixo.

> **Sugestão de... Livro**
> **A história de Chico Mendes para crianças**, de Fatima Reis. São Paulo: Prumo, 2010.
>
> **ambientalista:** pessoa que se dedica a preservar a natureza, compartilhando experiências que deram certo e ajudando a população a se organizar para cuidar de seu ambiente.

- Quais foram as principais passagens da vida profissional de Chico Mendes?

_____
_____
_____

Chico Mendes em novembro de 1988.

- Quais eram os objetivos da luta de Chico Mendes?

_____
_____
_____
_____

- Por que ele foi tão importante para o ambientalismo brasileiro?

_____
_____
_____
_____

A ação das Organizações Não Governamentais

As **Organizações Não Governamentais (ONGs)** são associações formadas por membros da sociedade civil com o objetivo de participar da solução de problemas relacionados ao ambiente, à saúde, à educação, aos direitos humanos, entre outros. Essas organizações não dependem dos governos para sobreviver. Muitas vezes pressionam os políticos e as grandes empresas para adotarem medidas voltadas à melhoria da qualidade de vida da população.

> **Sugestão de...**
> *Site*
> **Instituto Socioambiental (ISA)**. Disponível em: <www.socioambiental.org/>. Acesso em: 21 jan. 2020.

Algumas ONGs atuam na preservação de espécies em extinção; outras, no controle e na fiscalização do desmatamento (como a SOS Mata Atlântica); outras, na difusão e na defesa do modo de vida e da cultura indígena e dos povos tradicionais (como o Instituto Socioambiental – ISA), entre outras ações.

Internacionalmente, podemos destacar a Conservation International (WWF) e o Greenpeace, que também mantêm atividades no Brasil. Veja a foto.

Voluntários participam de ação de limpeza da praia de Copacabana, no município do Rio de Janeiro (RJ), 2017. O evento foi patrocinado pela WWF Brasil.

- Em grupos, respondam: Vocês conhecem o trabalho de alguma ONG que atue na defesa do ambiente na cidade ou estado onde moram? Pesquisem informações sobre o trabalho e a área de atuação da ONG. Depois, elaborem um cartaz sobre ela.

Minha coleção de palavras em Geografia

Você estudou que o extrativismo é uma atividade desenvolvida por comunidades tradicionais.

(EXTRATIVISMO)

1. O que significa essa palavra?
2. Cite três produtos extraídos da natureza que fazem parte da sua alimentação.

Melhorias na qualidade de vida

Você aprendeu que precisamos cuidar da natureza e dos recursos que ela oferece: ar, solo, água, espécies animais e vegetais. Não podemos continuar a modificar o ambiente e a explorar os recursos naturais sem pensar no impacto de nossas ações. Cuidar do ambiente é fundamental para que nós e as gerações futuras possamos ter **qualidade de vida**.

Leia o poema a seguir.

> Se gastar tudo nada resta.
> Se a gente só destruir, aí mesmo é que não presta.
> Para dominar o ar e a água, o calor e a terra,
> Vivendo em paz sem ser em guerra,
> O homem tem que
> Proteger planta e bicho.
> Senão, acaba tudo virando um lixo
>
> MACHADO, Ana Maria. **Gente, bicho, planta**: o mundo me encanta. São Paulo: Global, 2009. p. 35.

1 O que você entende pela expressão "viver com qualidade de vida"?

_____

_____

2 Perceber nosso entorno pode ser um primeiro passo para melhorar nossa qualidade de vida. Observe o trajeto que você faz cotidianamente de casa para a escola. Nesse percurso é possível observar:

- ruas arborizadas?
- lixo nas ruas?
- pouco ou muito barulho?
- muitas propagandas e placas?
- muitas opções de transporte?
- acesso a água potável?
- acesso a rede de esgotos?
- opções de lazer e esporte?

3 Com base em suas observações feitas acima, o que poderia ser melhorado para garantir mais qualidade de vida à população?

_____

_____

4 Para ter uma vida de qualidade nas cidades, é preciso que os moradores tenham acesso a lugares limpos, arborizados, silenciosos, com praças, quadras poliesportivas e com acesso a serviços básicos, como água limpa e rede de coleta de esgotos. Com esse propósito, podemos atuar nos bairros onde vivemos, em conjunto com os vizinhos, conselhos populares, ONGs, governo e empresas.

- Em grupos, completem o quadro abaixo, identificando as responsabilidades de cada um na melhoria da qualidade de vida do bairro onde sua escola está localizada. Trabalhem com os colegas e o professor, completando o quadro em uma cartolina.

Ações para a melhoria da qualidade de vida	O que eu posso fazer?	O que a comunidade pode fazer?	O que o governo municipal pode fazer?	O que as empresas podem fazer?	O que as ONGs podem fazer?
a) Plantar árvores					
b) Descartar o lixo de maneira adequada.					
c) Diminuir a poluição sonora.					
d) Diminuir a poluição visual.					
e) Melhorar o transporte público.					
f) Disponibilizar água potável para a população.					
g) Disponibilizar rede de esgotos.					
h) Proporcionar atividades de lazer e esporte.					

5 Você está preparado para um grande desafio? Então, mãos à obra! Formem grupos e escolham uma ação pela qual vocês podem se responsabilizar para a melhoria da qualidade de vida em seu bairro. Depois, com o professor, organizem-se para colocar esse plano em prática! Sigam as etapas a seguir:

   a) Qual é o objetivo do grupo e quando pretendem atingi-lo?

   b) Com quem precisarão falar para esse objetivo ser alcançado?

   c) Que material será necessário? Quem poderá ajudá-los a adquirir esse material?

Assim também aprendo

Conheça alguns problemas ambientais e possíveis soluções para melhorar a qualidade de vida das pessoas.

1. Observe as ilustrações a seguir. Depois, organizados em grupos, façam o que se pede.

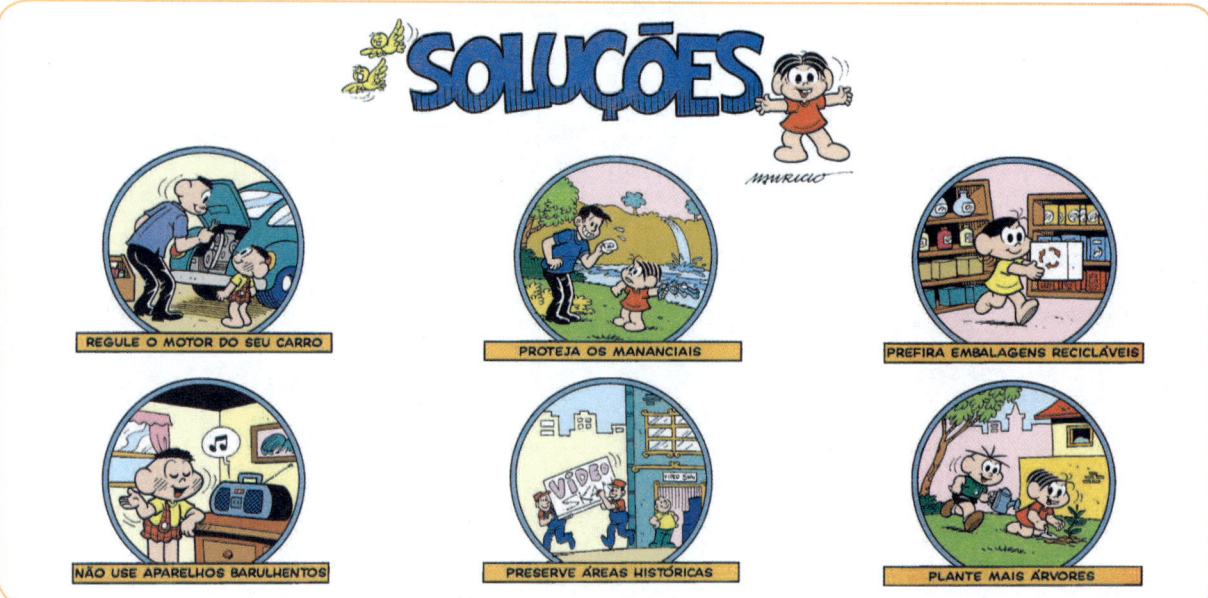

SOUSA, Mauricio de. **Turma da Mônica em:** ecologia urbana. São Paulo: Instituto Cultural Mauricio de Sousa, 1996. p. 2 e 19.

a) Escolham um problema representado nas ilustrações e pensem em outra solução para ele, além da que foi sugerida acima.

b) Representem essa solução com desenhos ou colagens em uma folha de cartolina. Depois, apresentem para o restante da turma.

2. Os congestionamentos também fazem parte do dia a dia nas grandes cidades e pioram muito a qualidade de vida das pessoas. Veja abaixo algumas soluções possíveis para amenizar esse problema.

FOOT, Newton. História em quadrinhos elaborada para esta coleção, 2014.

a) Que soluções os personagens da história encontraram para resolver o problema dos congestionamentos? _____
_____
_____

b) Que outra solução você poderia sugerir? _____
_____

c) Escreva uma frase usando pelo menos três das palavras abaixo.

- governo
- coletivo
- carro
- transporte
- bicicleta
- a pé

_____
_____

O que estudamos

Eu escrevo e aprendo

Nesta atividade você vai utilizar a **linguagem escrita** para retomar o que estudou na unidade. Escreva abaixo uma frase sobre o que você estudou em cada capítulo.

Capítulo 7 – O ambiente e a sociedade

_____
_____
_____

Capítulo 8 – Quem cuida do nosso ambiente?

_____
_____
_____

Minha coleção de palavras em Geografia

Em cada capítulo desta unidade há uma palavra destacada para a sua coleção de palavras em Geografia. São palavras comuns em textos de Geografia e vão ajudar você a compreender melhor todos eles. Reveja essas palavras ao lado.

POLUIÇÃO, página 148.

EXTRATIVISMO, página 165.

1. O que você aprendeu com essas duas palavras? Converse com os colegas e o professor.

2. Em um quadro no caderno, escreva essas duas palavras e o significado de cada uma delas. O significado deve estar relacionado ao que você aprendeu no capítulo.

Eu desenho e aprendo

Nesta atividade você vai utilizar a **linguagem gráfica** para retomar o que estudou na unidade. Desenhe abaixo o que você considerou mais importante em cada capítulo. Se preferir, faça uma colagem.

Capítulo 7 – O ambiente e a sociedade

Capítulo 8 – Quem cuida do nosso ambiente?

Hora de organizar o que estudamos

A água no planeta Terra

- Proporção de água e terras emersas no planeta.

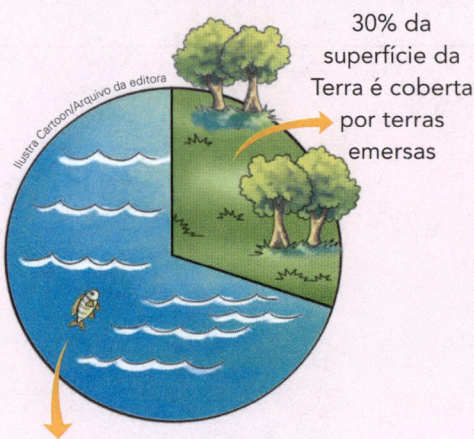

30% da superfície da Terra é coberta por terras emersas

70% da superfície da Terra é coberta por água dos oceanos, mares, rios e lagos

- Proporção de água doce e salgada no planeta.

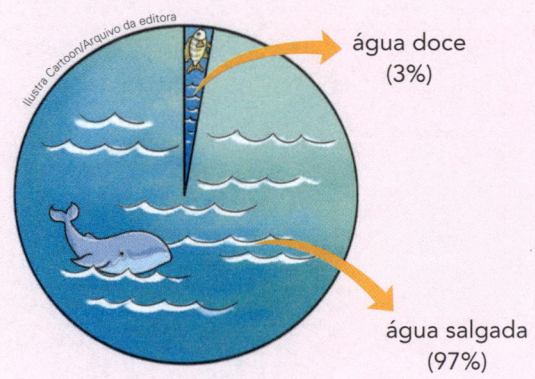

água doce (3%)

água salgada (97%)

O ciclo da água

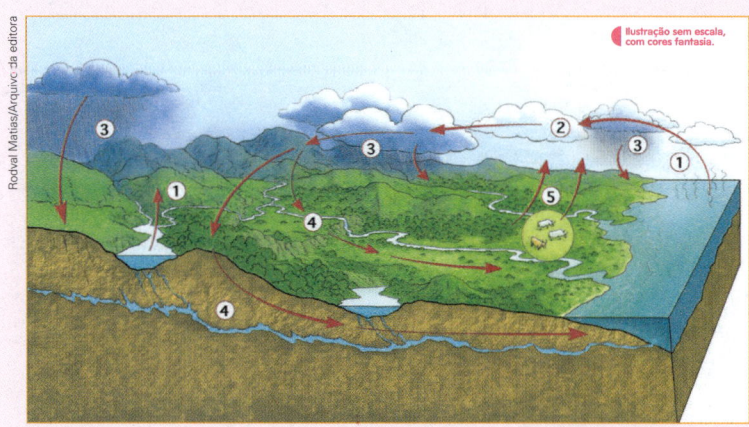

Elaborado com base em: **A Terra**. São Paulo: Ática, 2005. p. 40. (Série Atlas Visuais).

1. **Evaporação**: a água da superfície terrestre (dos mares, oceanos, rios e lagos) transforma-se em vapor de água.
2. **Condensação**: o vapor de água forma as nuvens.
3. **Precipitação**: as gotículas de água que se agruparam nas nuvens caem em forma de chuva.
4. **Escoamento**: a água que cai pela precipitação escoa pela superfície, alimentando rios, lagos e lençóis subterrâneos.
5. **Respiração e transpiração**: os animais e as plantas fornecem água em forma de vapor para a atmosfera.

Problemas ambientais

- Poluição da água.
- Poluição do ar.
- Poluição do solo.
- Poluição sonora.
- Poluição visual.

- Aquecimento global.
- Desmatamento.
- Queimadas.
- Excesso de lixo.

Soluções para problemas ambientais

- Coleta seletiva do lixo.
- 5 Rs: Reciclar, Reduzir, Recusar, Repensar, Reaproveitar.
- Participação da sociedade.
- Criação e monitoramento de Unidades de Conservação.

Brasil: Terras Indígenas e Unidades de Conservação – 2017

Elaborado com base em: MMA (2014); FUNAI (2017). Disponível em: <www.florestal.gov.br/snif/recursos-florestais/sistema-nacional-de-unidades-de-conservacao?print=1&tmpl=component>. Acesso em: 10 jan. 2020.

Alguns órgãos públicos que cuidam da natureza no Brasil

- Instituto Brasileiro do Meio Ambiente e dos Recursos Naturais Renováveis (Ibama).
- Serviço Florestal Brasileiro (SFB).
- Instituto Chico Mendes de Conservação da Biodiversidade (ICMBio).

Algumas Organizações Não Governamentais que cuidam da natureza no Brasil

- SOS Mata Atlântica.
- Instituto Socioambiental.
- WWF.
- Greenpeace.

Para você refletir e conversar

- Qual assunto você achou mais importante nesta unidade? E qual achou mais difícil de entender?
- Em sua opinião, você e sua família têm boa qualidade de vida? Por quê?
- O que você acha que devemos fazer para tentar garantir boa qualidade de vida a todos?

Glossário

As palavras deste glossário estão definidas de acordo com o sentido em que foram utilizadas no livro.

A

Água potável (página 148)

Água própria para o consumo humano. Deve estar livre de qualquer tipo de contaminação. É tão importante que as Nações Unidas estabelecem que o direito à água potável é um direito humano.

Arquiteto (página 38)

Profissional que idealiza, planeja, faz os desenhos de um espaço ou obra e define técnicas e materiais a serem utilizados.

Arquitetos trabalhando.

C

Cartógrafo (página 21)

Profissional que faz mapas.

Combustível fóssil (página 151)

Recurso natural não renovável. Origina-se da decomposição lenta de organismos vivos ao longo de milhares de anos, que estão soterrados em camadas na crosta terrestre. É usado, principalmente, como fonte de energia. Alguns exemplos são: petróleo, gás natural e carvão mineral.

D

Densidade demográfica (página 61)

Índice que permite avaliar o grau de concentração da população em um território, apresentando o número de habitantes por quilômetro quadrado (hab./km²).

E

Erosão (página 39)

Desgaste do relevo provocado por agentes da natureza, como o vento, o gelo, a água da chuva e dos rios e as mudanças de temperatura.

Erosão em São Vicente do Sul, no estado do Rio Grande do Sul, 2018.

G

Garimpo (página 148)

Lugar de onde se extrai ouro, diamante e outros metais preciosos. No Brasil há garimpos principalmente nas regiões Norte e Centro-Oeste e, muitas vezes, em Terras Indígenas.

Qualidade de vida página 39

Indicador do nível das condições básicas para o bem-estar das pessoas, como a qualidade do ambiente físico, do acesso a saúde, moradia, educação e lazer.

Recenseamento página 55

O mesmo que censo. O recenseamento demográfico é a contagem, realizada pelo governo, da população de uma região ou de um país. Além do número de pessoas, pesquisa o sexo, a idade, entre outros dados.

Reservatório página 125

Local que acumula a água resultante da construção de barragem pelo ser humano.

Robótica página 118

Ciência e técnica da concepção, construção e utilização de robôs.

Terras Indígenas página 64

Territórios legalmente demarcados pelo Estado brasileiro para usufruto de indígenas. O Estado tem a obrigação de protegê-las e impedir que sejam ocupadas por não indígenas.

Urbanista página 38

Especialista que trata de questões relativas ao espaço urbano (cidades).

Verticalização página 38

Processo de criar edifícios verticais. Assim, em um espaço menor de solo podem-se construir múltiplas moradias ou salas de prestadores de serviços (consultórios médicos, escritórios, etc.).

Vista de Curitiba, no estado do Paraná, 2016.

Bibliografia

Desta bibliografia não constam as referências de alguns livros dos quais foram transcritos trechos ao longo dos capítulos. Citamos as referências nos próprios textos, por se tratar de leituras complementares.

ALMEIDA, Rosângela Doin de. **Do desenho ao mapa**: iniciação cartográfica na escola. São Paulo: Contexto, 2016.

BRASIL. Ministério da Educação. Secretaria de Educação Básica. **Base Nacional Comum Curricular**. Brasília, 2018. Disponível em: <http://basenacionalcomum.mec.gov.br/>. Acesso em:10 jan. 2020.

_____. Ministério da Educação e do Desporto. Secretaria de Ensino Fundamental. **Diretrizes Curriculares Nacionais para Educação Básica**. Brasília, 2013.

_____. **Ensino Fundamental de nove anos**. Brasília, 2006.

CALLAI, Helena Copetti. Aprendendo a ler o mundo: a Geografia nos anos iniciais do Ensino Fundamental. **Cadernos CEDES**. Educação geográfica e as teorias de aprendizagem, n. 66. Campinas, 2005. Número especial.

_____ (Org.). **O ensino de Geografia**. Ijuí: Ed. da Unijuí, 1986.

CASTELLAR, Sonia (Org.). **Educação geográfica**: teorias e práticas docentes. São Paulo: Contexto, 2010.

_____; CAVALCANTI, Lana de Souza; CALLAI, Helena Copetti. (Org.). **Didática de Geografia**: aportes teóricos e metodológicos. São Paulo: Xamã, 2012.

CASTROGIOVANNI, Antonio Carlos (Org.). **Ensino de Geografia**: práticas e textualizações no cotidiano. Porto Alegre: Mediação, 2009.

_____. **Geografia em sala de aula**: práticas e reflexões. Porto Alegre: Ed. da UFRGS/AGB, 2010.

CAVALCANTI, Lana de Souza (Org.). **Formação de professores**: concepções e práticas em Geografia. Goiânia: Vieira, 2006.

_____. **Geografia, escola e construção de conhecimentos**. Campinas: Papirus, 2016.

COLL, César et al. **O construtivismo na sala de aula**. São Paulo: Ática, 2010.

COMISSÃO PASTORAL DA TERRA. **Conflitos no campo**. Goiânia, 2015.

IBGE. **Atlas geográfico escolar**. 8. ed. Rio de Janeiro, 2018.

KAERCHER, Nestor André. **Desafios e utopias do ensino de Geografia**. Santa Cruz do Sul: Ed. da Unisc, 2010.

LEGAN, Lucia. **A escola sustentável**: ecoalfabetizando pelo ambiente. São Paulo: Imprensa Oficial e Ecocentro/PEC, 2007.

LUCIANO, Gersen dos Santos. **O índio brasileiro**: o que você precisa saber sobre os povos indígenas no Brasil de hoje. Brasília: MEC – Secad/Unesco/Museu Nacional, 2006.

MEIRIEU, Philippe. **Aprender… sim, mas como?** Porto Alegre: Artmed, 2000.

MICHEL, François. **A Ecologia em pequenos passos**. São Paulo: Nacional, 1998.

MMA; ICMBio. **Tornar-se visível**: estratégia para promover articulações e captar recursos. Brasília, 2015. (Série Educação Ambiental e Comunicação em Unidades de Conservação).

NOGUEIRA, Amélia B. Geografia das representações – Mapa mental como recurso didático no ensino de Geografia. II Colóquio de Cartografia. **Revista Geografia e Ensino**. v. 6. Belo Horizonte, 1997.

PENTEADO, M. J. **Guia pedagógico do lixo**. Cadernos de educação ambiental, v. 12. São Paulo, 2011.

PERRENOUD, Philippe. **10 novas competências para ensinar**. Porto Alegre: Artmed, 2000.

PONTUSCHKA, Nídia Nacib et al (Org.). **Para ensinar e aprender Geografia**. São Paulo: Cortez, 2012.

POZO, Juan Ignacio (Org.). **A solução de problemas**: aprender a resolver, resolver para aprender. Porto Alegre: Artmed, 1998.

RAMA, Ângela; VERGUEIRO, Waldomiro (Org.). **Como usar as histórias em quadrinhos na sala de aula**. São Paulo: Contexto, 2016.

RIBEIRO, Wagner Costa. **Geografia política e gestão internacional dos recursos naturais. Estudos Avançados**. v. 24. n. 68. São Paulo, 2010. (Dossiê Teorias Socioambientais).

SCHÄFFER, Neiva. Ler a paisagem, o mapa, o livro… Escrever nas linguagens da Geografia. In: **Ler e escrever**: compromisso de todas as áreas. Porto Alegre: Ed. da UFRGS, 2006.

SIMIELLI, Maria Elena. **Geoatlas**. 35. ed. São Paulo: Ática, 2019.

_____. O mapa como meio de comunicação e a alfabetização cartográfica. In: ALMEIDA, Rosângela Doin de (Org.). **Cartografia escolar**. São Paulo: Contexto, 2014.

_____. **Primeiros mapas**: como entender e construir. São Paulo: Ática, 2010. 4 v.

STRAFORINI, Rafael. **Ensinar Geografia**: o desafio da totalidade-mundo nas séries iniciais. São Paulo: Annablume, 2008.

VIANNA, Luis Fernando. **Geografia carioca do samba**. Rio de Janeiro: Casa da Palavra, 2004.

VOGEL, Arno et al. **Como as crianças veem a cidade**. Rio de Janeiro: Pallas/Flacso/Unicef, 1995.

WWF. **Living Planet Report**, 2014.

ZABALA, Antoni (Org.). **Como trabalhar os conteúdos procedimentais em aula**. Porto Alegre: Artmed, 2013.

Sites

Agenda Criança Unicef: <www.selounicef.org.br>.

Biblioteca Virtual de Educação: <http://bve.cibe.inep.gov.br/>.

Conservação Internacional: <www.conservation.org/global/brasil>.

Estadão *Blogs*/Estadinho: <http://blogs.estadao.com.br/estadinho>.

Fundação Nacional do Índio: <www.funai.gov.br>.

Museu do Índio: <www.museudoindio.org.br>.

Acesso em: 10 jan. 2020.